U0152002

極短篇

欣賞與教學

張春榮　著

極短篇因緣

一、前言

極短篇於我，是極長的因緣。這顆「鑑照人類情思的清淚」、這抹「此中有眞意的悲憫笑紋」、這等「以少總多的次文類」，竟成了三面夏娃的文學召喚。不僅是生活經驗的轉化之旅，更是開啓學術爬梳的新窗，同時是創意教學最佳的挑戰場域。屈指此段結緣，回首蒼蒼來時路，迤邐蜿蜒，煙波浩渺，日居月諸，已達二十一載。細數其中照面，相知相識，即之也溫，庶幾乎「三笑」因緣：始於創作時的「抿嘴淺笑」，抒懷遣悶；次於理論探索的「笑不出來」，勉力建構；終於創思教學的「言笑晏晏」，激發莘莘學子的語文智能；遂能曲徑通幽，以小搏大，開展出三層的縱深軌跡。而一路跌跌撞撞，結伴同行，自是指點山川，草莽開路，天涯一家親。

二、生命出口

攤開記憶卷軸，回至一九八六（民國七十五年）的天空下。師大紅樓花木扶疏，筆者正告別遙遠神祕的《楚辭・二招》，離開空曠幽絕的雲夢大澤，並奉師命，另換跑道。斟酌劉向學術研究，依違於「桐城派」文論；一時間左支右絀，徬徨無主。雖忝爲博士生，然攻讀以來，既無「金字塔」的積學儲寶，博大能高；復無「顯微鏡」的酌理富才，燭幽發微；鬱鬱寡歡，只得藉極短篇以遣懷。

當此之際，以爲極短篇（小小說、微型小說）是小小生命切片，片中有全幅生命的感性顯現；是窄口腹寬的陶器，別有豁然開朗的廣宇悠宙。至於如何操持手術刀，切出吉光片羽的重點；如何形塑胚土，彩繪出渾然天成的精品；則不知其然，亦不知其所以然。只好自構思中摸索，自文友批評中修正，自報社退稿中省思。發揮「三多」（看多、做多、商量多）效益，逐漸體會此文類的特色在於「背乎常理，合乎戲理」，在於「藝術對生活的短小精悍」。遂能新手上路後，得以快意書寫。其中作品，並收入隱地主編《爾雅極短篇》（一九九一，爾雅出版社）、苦苓主編《當代極短篇十傑》（一九九一，希代出版社）、蘇偉貞主編《極短篇（七）》、《極短篇（八）》（一九九三，聯經出版公司）、江曾培主編《微型小說鑑賞辭典》（二〇〇六，上海辭書出版社）等。

此時，所裡師長曾提出建言：「極短篇是繡花針，雕蟲小技，壯夫不爲。宜持斧頭劈砍，才見眞章。」「會寫極短篇，只能算不務正業的優點，對找工作沒有幫助。」聽在耳裡，自己只有敬謝賜教。原本寄情極短篇，正是「不爲無聊之事，何以遣有涯之生？」鍾情小說家族的「老四」（前三爲長篇、中篇、短篇），無非逃避「懼爲文之傷命」、「歎用思之困神」的論文壓力；優遊在新興文類中，只是過過創作之癮罷了。講白一點，就是自己「寫爽的」而已。然此期極短篇的探索（《含羞草的歲月》、《狂鞋》），卻成爲日後珍貴的文學經驗。

三、升等綠地

一九八八（民國七十七年）畢業，先後在中文系教過「韓柳文」（清華大學）、「歐蘇文」（國北師）、「古文選讀」（淡江大學），益覺古典文學廣如層巒疊嶂，非縱凌絕頂，難窺瑰奇壯貌；浩如滄海萬頃，非登高望遠，眞積力久，難見其涯岸。同時，審識學弟長期耕耘，猛志精進，斐然可觀。而自己浸淫桐城派方苞、姚鼐、劉大櫆的世界，益覺版本資料搜尋之不易，治學方法之未能突破；雖有歸納整理、描述之功，未見縝密創發、闡釋之效。空轉心虛之餘，來者可追，斷然改弦更張，另起爐灶。聆聽大學時「舊愛」的殷殷召喚，揮別「值得尊敬的新歡」，重回現代小說、散文的懷抱。於是，山岬入海，江水又東，順勢由清代移至當代，悠遊在生機盎然的花園綠地。

歸零出發，深感「文學是充滿活力的語言建構」、「修辭是理念的感性顯現」，自一九九一（民國八十年）起，遂用力於現今「修辭」撰述（《修辭散步》、《一把文學的梯子》、《一扇文學的新窗》、《修辭行旅》等），並與藹珠合撰一系列英美專書（《英語修辭學》、《英美名詩欣賞》、《英美文學名著選讀》等），教學相長，自得其樂。而攸關升等一事，便在「孔雀東南飛，五里一徘徊」的心照不宣中蹉跎。直至和平東路紅磚路上，先後遇見兩位師長，諄諄告誡：「與其量多，不如質精；與其小書多本，不如大書一本。老鼠十隻，還是老鼠；獅子一隻，就是獅子。」「論文要人棄我取，人略我評。學術之樹長青，一定要有知識，有見識！」凜然驚心受教之際，知道「翅膀的命運是迎風」，終須強渡關山，不能再閃躲。副教授也已當十一年，輸人不輸陣，也該提論文了。

誠然，好的題目是論文成功的一半。時值國內極短篇探究，多爲「點」的撞擊，未成「線、面」的論述（如瘂弦等《極短篇美學》，一九九二，爾雅）。至於大陸學者劉海濤驪珠先探，奕奕揚輝（如《微型小說的理論與技巧》、《規律與技法》、《現代人的小說世界——微型小說寫作藝術》、《主體研究與文體批評》、《敘述策略論》等），唯舉證實例，獨缺台灣當代作家極短篇。外加吾妻在旁打邊鼓，提供她所翻譯的西洋極短篇。於是，因緣際會，收思反訊；決定小題大作，窄題寬作；化感性書寫，爲理性爬梳；化隨意馳騁，爲嚴謹規範。終能在鄰居裝潢的敲敲打打聲中，魔音刺腦，苦中作樂，完成《極短篇的理論與創作》（一九九九，爾雅），通過升等。

所謂「醉過方知酒濃，愛過方知情深」；研究過方知味永，寫完方知「此君」是限制與自由的藝術拔河。極短篇原係不斷調整的次文類，可以是人生寓言，也可以是禪宗公案；可以是苦澀笑話，也可以是幽默喜劇；可以是奇幻的異想世界，也可以是靈異的反諷小品。當如晨曦照眼，如清泉石上，如青綠映睫；又似陰陰夏木，似滴溜鳥鳴，似明月松間，似暗夜孤燈。天機乍現，打開心靈之眼，望向經驗深處；情景連線，事理接軌，直指生命的精義。

四、教學鷹架

二〇〇〇（民國八十九年），系上達成共識：「語教系不等於中文系，應發展出自己特色。」「語教系當以語文教學、兒童文學爲主線，強化教學實務，豐富語文智能。」外加近代創思理論、多元智能理論、寫作新題型的衝擊，語文教學不應只是傳統「經驗論」，而是「有想法、有方法、有辦法」的「鷹架說」。雖以教師爲主導，然以學生爲主體，設計爲主線，形成「確立知識，培養智能，激發創思，形塑情意」的「系統化」教學活動。是故，坐言起行，潛心疑慮於教材研發（《創意造句的火花》、《創思教學與童詩》、《作文新饗宴》、《看圖作文新智能》、《國中國文修辭教學》），盼能略盡綿薄之力。

逮及此時，授課（「語文領域的創思教學」、「中西小小說欣賞與創作」）、演講（耕莘寫作班、九歌小說班、福報文學班、建國中學文藝營、景美女中文藝營、台北市青少年文學創作營）之際，多方揣摩，細加考察。對極短篇的看法，復有所修正：除了是「希望以最少的文字，表達最大的內涵；使讀者在幾分鐘之內接受一個故事，得到一份感動和啓示。」（一九七八年二月十五日瘂弦《聯合報・副刊》按語）外，更是「超常問題的超常解決法。包括『戲劇化的批判性呈現』與『戲劇化的創造性化解』」，更是「組合與想像的創思，生命關鍵時刻的發現之旅」。由此出發，極短篇教學，不再是放牛吃草的各憑才情，亦非祈求靈感降臨的神祕召喚；而是配搭鷹架的引導教學。在「續寫」、「仿寫」、「改寫」、「擴寫」、「設定情境」、「狀況選寫」中，因勢利導；導而弗牽，牽而弗抑；揣摩練習，順勢激揚。期能熟極生巧，層樓更上，讓高台上的莘莘學子，如鷹族展翅高飛。始於「有中生有」的依附，終於「無中生有」的凌雲英發；當爲鷹架教學的終極理念。而教材編選（《名家極短篇悅讀與引導》，二○○四；《英美名家小小說精選，二○○七）、實務研發（《極短篇欣賞與教學》），遂成爲現今「讀寫」（由閱讀帶動寫作）教學的積極進徑。

五、餘音

猶記紅樓研究室，和一位極愛才的師長談及此段歷程（「極短篇三吃」）。師長看過我大學時的拙樣，目擊我博士論文口試時的拘謹，眼見現今轉向的舒坦，直言不諱：「你最早時可瞧不起教學！……」嘴角並噙著笑意。

我則道：「老師，那時候在宿舍，學長都告訴我們：『學問分三等：義理、辭章、考據。辭章分三等：第一流的是創作，第二流的是研究，第三流的是教學。』那時候又不懂事！早歲那知世事艱？早歲那知教學殊不易？夏蟲不足以語冰呀！」

而如今寒天飲冰，點滴心頭。由極短篇看自己，顯見「成熟的因，才有合理的果」；由極短篇看書寫，無非「時間的滄桑，空間的飄泊」；由極短篇看教學，正是「始於語言的探索，終於生命境界的追尋」。於今觀之，確實問題不在大小，重點在「短小其外，奧義其中」，畢竟「極短無罪，精采有理」。

本書得以完成，自當感謝語教系（九五級、九六級）、語教所（日碩、暑碩）的參與實作，錦心繡筆，迸發「感性、知性、悟性」的靈光火花。而語教所碩士劉貞君（著有《國小高年級辭格仿寫教學之研究》）支援校對，極短因緣，極長銘感，共織此段教學相長的一方風景。

張春榮謹誌於臺北教育大學語創系

二〇〇七年一月十五日

極短篇因緣

題型篇

教學篇

書評篇

題型篇

極短篇續寫(一)

一、理念設計

(一)認知

1. 續寫是「有中生有」的再造力。以別人的故事爲跳板，跳出自己高空翻轉的美技，跳出自家獨特品牌。（知識）
2. 續寫是向原作借光，照亮另一通道，尋找另一出口；進而與原作相互爭勝，各顯精妙。（理解）

(二)技能

1. 培養莘莘學子由原作延伸，掌握「統一律」。注重事件的統一、人物性格的統一、主題內涵的合情合理。（應用）
2. 激發莘莘學子由原作衍生，掌握「變化律」。注重情節轉折的變化，人物意識流變的關係，主題內涵的能「出人意外」又能「入人意中」。（綜合）

(三)情意

1. 讓莘莘學子體會人際智能的複雜。而續寫的豐美，即在於一因多果，或一果多因；續寫的趣味，即在於人際關係的「意之不測」，往往令人傻眼，拍案叫絕。（接受）

2. 讓莘莘學子體會人際智能的層級，續出「情之幽微」，續出「理之深入」，是個人經驗「感性、知性、悟性」的綜合成長。（反應）

二、教學實施

引導莘莘學子續寫，提示的重點有三：

1. 續寫的前後，力求反差。可以開低走高，形成溫馨喜劇；亦可開高走低，形成反諷。

2. 續寫的情節，力求戲劇性。可以強化轉折，形成雙重意外，注重互動關係的開展。似此「一波未平一波又起」，最能撼動人心，最能彰顯事理。

3. 續寫不一定要有結局。可以逆向思考，逆勢操作，發揮「沒有結局是最好結局」的特殊視野，展現「不一樣」的另類精進。

請完成王鼎鈞〈慈母淚〉中母親所說的話。這段話力求畫龍點睛，與前面的情節相互呼應。限五十字以內。

女兒到了「寂寞十七歲」，自作主張買了一條牛仔褲。星期天上午，大門外有男孩子吹口哨。母親越想越不放心，就讓女兒轉學，進了一家管理嚴格的教會學校。

畢業的那一天，女兒決定去做修女，母親阻擋不住，哭成淚人兒。丈夫安慰她：「妳不是希望女兒學好嗎？修女是世界上頂好的人。」

母親說：「……」

實作

(一)認同決定

1. 「可不是嗎？但是我的眼淚就是止不住啊！」（紀怡如）
2. 「只是，我從沒想過與她相守一生的男人是上帝！」（翁繪棻）
3. 「修女是世界上頂好的人，化小愛爲大愛，太讓人感動了！只是……」（秋實）
4. 「修女就是把自己獻給上帝，但要像德瑞莎修女那樣，相當不容易。」（張錦池）
5. 「是啊，當修女是很大的福報……」（馬太）

(二)微詞反對

6. 「修女再好，也比不上自己的女兒。我希望她成爲淑女，不是修女啊！」（張亞男）
7. 「可我希望她不只學好，更希望她過得好啊！當修女，唉……」（黃雅炘）
8. 「我只是希望她別太早談戀愛而離開我，沒想到她卻是愛上神而離開我。」（郭東惠）
9. 「我只是希望她小小年紀不要學壞，沒人要她對神許下一輩子『服從』的誓言啊！」（連偉伶）

10. 「我是要她去修身，並不是要她去當修女啊！」（蔡青玉）

㈢別有領悟

11. 「『女』要有『子』才能組成『好』，她去當修女，不能結婚生子……！」（呂念樺）
12. 「我這輩子唯一沒學會的，就是如何做一個頂好的人的母親。」（涂文芳）
13. 「我不是要逼她成爲聖人，我只是不希望她先學壞。我這樣保護女兒錯了嗎？」（王慧婷）
14. 「沒想到，我決定了女兒的命運，上帝也決定了我們的命運。」（陳明芳）

分析與評量

㈠分析

〈慈母淚〉續寫的向度有三：

1. 母親認同女兒決定。即第一至第五例。而自此觀點切入，即自宗教的角度，肯定當修女是「把愛還諸天地」，以無限的奉獻、慈悲，將世紀的冰河，踏爲暖流；是「立德」的事業，超凡入聖，令人敬重。只是當母親的總管不住眼淚。

2. 母親不認同女兒做法，頗有微詞。即第六至第十例。自世俗的角度，除了說出自己期待落空外，並對丈夫安慰之語「修女是世界上頂好的人」提出反駁。而此亦爲王鼎鈞原作（《靈感》，爾雅，1989）結尾：

我是希望她學好，但是不希望她好到那種程度。

然而世事難料，過猶不及，每每事與願違；有「美好」的用心，卻沒有「美好」的「剛剛好」。王鼎鈞後來在〈宗教信仰與文學創作〉中道：「事情總是朝相反的方向發展。這奧秘，寫《易經》的人知道，寫《聖經》的人知道，寫《道德經》的人知道，現在作家都知道。」（《心靈與宗教信仰》，爾雅，1998），正是「應然」與「實然」的弔詭與落差。於此，王鼎鈞一再表示「信仰提高了他的寫作，寫作深化他的信仰」，兩者交融匯合。

3. 母親反思自省，別有領悟。即第十一至十四例。第十一例，由字形上加以引申、聯想，形成一曲之見。第十二例，藉由激問，反詰自己的「保護」行徑，缺乏「智慧」的拿捏。第十三例，藉由前後呼應，質疑自己「有完美的動機」，卻「心想而事不成」。第十四例，藉由視野的擴大，領悟自己的安排，不如上帝的安排；母親的「想當然」，終不如天父的冥冥旨意。

(二)評量

就評量而言，可自文字敘述、情節安排、主題內涵的表達上，加以考核。

1. 在文字敘述上，首先，宜避免簡單的概念說明。如母親說：「早知今日，何必當初？」、「用心良苦，總成空。」、「真是機關算盡太聰明……」、「唉，人算不如天算！」等，均直接點題，缺乏令人回味的空間。

其次，文字敘述宜勾勒出慈母的「兩難」心事，不管「無奈認同」、「頗有微詞」、「別有領悟」哪一向度的續寫，均宜呈現天下慈母心複雜的心理，揭示動機良善，結果卻無法接受的弔詭。

2. 在情節安排上，除了順著丈夫安慰之語，自然延伸，順勢推衍外，可以再掀波瀾，翻出意外，充分展現構思的精進力。

3. 在主題內涵上，除了「意之不測」外，宜加上「情之幽微」。於母親滴淚之餘，述說事與願違的感慨之餘，可再邁向「理之深刻」。

其中第十四例，一掃母親個人視角，一掃「我最大」的主宰迷思，改變觀點，提出宏觀的後設思維，可謂一錘定音，發聾振聵。似此層遞的領悟，充分展現內涵的深刻性，堪稱續寫佳例。

教學省思

㈠文體特徵的說明

極短篇結構，莫不講究高明的「有機組合」，力求「統一中有變化」、「變化中有統一」。因此，續寫時母親所說的話，要能發揮兩種功能：第一、承上的銜接，讓前後相互呼應，因果相連；第二、啓下開拓，讓母親的話帶出更多的訊息，帶出另一層意外。如此，才容易脫穎而出，超越同儕，呈現優質書寫。

一般莘莘學子常常忘了續寫「內容」要兼具這兩種功能，每每只知「承上」，或只知「啓下」，無法將「有機組合」的藝術性、文章的四大規律（統一、變化、次序、聯貫），發揮至極。

(二)題目引導語的補強

題目引導謂：「這段話力求畫龍點睛，與前面的情節相互呼應。」只強調「承上」，未提醒莘莘學子亦應「啓下」。因此，宜再補充說明：「並能話中有話，再加轉折變化」，較爲理想。

(三)創造力的測試

就變通力（有效反應類別的總數）而言，可以自「母親無奈認同女兒決定」、「不認同女兒做法」、「母親反思自省，別有領悟」，辨析莘莘學子的認知。

就流暢力（有效反應的總數）而言，可以要求莘莘學子：如果是「認同」，寫出兩種以上的理由；如果「不認同」，寫出兩種以上的看法；如果「反思自省」，寫出兩種以上不同的領悟。

就精進力（反應的精緻化）而言，可以要求莘莘學子：母親所說的話，除了「情之幽微」，寫出「感性」之餘，向上提升，邁向「理之深刻」，寫出「知性」、「悟性」。如此一來，母親所說的話，將成真知灼見，朗照事理；自勝日強，充滿智慧。

極短篇續寫(二)

一、前言

續寫是文學運動場的接力賽，是文字彈簧墊的高空彈跳；自規定的跑道，跑出追風揮汗，直達終點的快感；自固定的空間，彈出連續翻轉，直至人體極限的美技。似此題型，可以讓莘莘學子在「有一點黏又不是太黏，有一點難又不是太難」的召喚中，鍛鍊接力的聯貫技巧，馳騁展翅高翔的高度想像；在漸漸活化的構思中，領略由被動至主動、由限制至引導，由封閉至開放的書寫趣味。

茲以米蘭昆德拉〈求婚者〉（韓少功譯）爲例，設計題目如下：

所謂「青菜蘿蔔，各有所愛」、「情人眼裡出西施」、「一根草，一點露」，請續寫底下〈求婚者〉。所說的理由，以既特殊又合理爲佳。文約一百字。

該結婚的時候了，她有九個求婚者，圍著她跪成一圈。她站在中間像個公主，不知挑選誰好：第一個最英俊，第二個最聰明，第三個最富裕，第四個最健壯，第五個門第顯赫，第六個背詩如流，第七個見多識廣，第八個工於小提琴，而第九個極富男子氣。他們都用同一種姿勢跪著，膝蓋上的功夫相差無幾。

她最後選中了……

寫作

續寫的結局，計有十種：

1-1. 她最後選中了第一個，英俊的男子帶給女人莫大的虛榮，當其他女子投以羨慕忌妒的眼光時，她覺得自己幸福極了！殊不知亮麗的外表，將隨著歲月磨劃殆盡，空留下自以爲是的得天獨厚。（黃祺閔）

1-2. 她最後選中了第一個，從小她就愛看童話故事，故事裡的王子不一定聰明或強壯，也不見得每個都有錢，但帥氣的臉龐是不可或缺的，她的王子當然也得英俊瀟灑囉！（張亞男）

2-1. 她最後選中了第二個，因爲她喜歡「二」這個數字，而且第二個男士側臉有好深的酒窩。小時候跌倒，一個男子扶起大哭的她，蹲下來溫柔地安慰她，那個男子的側臉，也有好深的酒窩。（陳音秀）

2-2. 她最後選中了第二個。她鞭策他學會背詩、拉小提琴、練肌肉、增廣見聞、攢聚金錢、培養男子氣概，甚至整型，最後丈夫還升任高官，成就了顯赫的門第。

十年後，她滿意地看著這完美的丈夫。然而，他卻脫下婚戒，走了。（陳音秀）

3-1. 她最後選中了第三個，當她想聽小提琴，就請小提琴家來演奏，她想聽詩人朗誦，就請詩人來家中，她想環遊世界，隨時都可以出發。她想要的，這個富裕的人都能夠幫她做到。（張亞男）

4-1. 她最後選中了第四個，寬廣的胸膛，強壯的肩膀，陽光般的笑容，看到他，嘴角就忍不住揚起漂亮的弧線，最棒的是那神奇的力氣，輕而易舉就能搬動一整塊起司蛋糕，嗯～香濃的起司蛋糕，人間的美味，她的最愛。老鼠嘛，誰不愛起司蛋糕呢？（黃雅炘）

4-2. 她最後選中了第四個，健壯的男人將是她的天地，手無縛雞之力的她只要動動口，男人也能摘取天上的日月星辰，她也不用再擔心神出鬼沒的蟑螂家族了。（黃祺閔）

5-1. 她最後選中了第五個，門第顯赫的男人呼風喚雨，將帶給她順遂風光的生活。從今之後，她將不再被人呼來喚去，當作傭人使喚，角色易位，女人決心要給那些傢伙嚐嚐那種卑賤的滋味。（黃祺閔）

5-2. 她最後選中了第五個，因爲她從小就立志要當個公主，而門第顯赫的求婚者爲她帶來夢寐以求的人生。現在，婚後的她已是個眞正的公主，接下來的她將等待著她夢裡心愛的王子……。（蔡青玉）

6-1. 她最後選中了第六個，背詩如流的求婚者。因爲當背

詩如流的求婚者，準確流暢的道出其他求婚者的情史詩，當場就讓其他八位求婚者錯愕、啞口無言。（蔡青玉）

6-2. 她最後選中了第六個，背詩如流的男子情意翩翩，怎叫她不動心？「假如我是一片草，就長在野外爲你鋪地。只要能親吻你的腳，我甘願讓你踩成泥。」（〈在我心靈深處，島崎藤村〉）愛情的詩篇裡，女人是自願投降。（黃祺閔）

7-1. 她最後選中了第七個，金錢形貌乃身外之物，她願和他一起努力，建造一個小巧溫暖的窩。生活是天天要過，他的見多識廣將爲她開啓一道門，生活的情趣、幸福的眞味，要不然，以後的平淡如白開水的日子可怎麼活呀？（陳麗雲）

7-2. 她最後選中了第七個，腦袋以下的既然相差無幾，那麼，就愼選頸部以上吧！見多識廣的他，會逗她開心，開展眼界。他將會是她心目中心地最英俊，腦筋最聰明，心靈最富裕，思維最健壯，胸壑最顯赫，眼睛會背詩，嘴巴會彈琴，氣宇最男子的理想情人。（陳麗雲）

8-1. 她最後選中了第八個。結婚後，工於小提琴的求婚者，依舊拉奏著動人心弦的樂章。這時候，她總會跟著載滿愛情的音符，再次幻想著：她站在中間像個公主，有九個求婚者，圍著她跪成一圈，不知挑選誰好……。（蔡青玉）

8-2. 她最後選中了第八個，身爲鋼琴家的她，只能和工於小提琴的他產生共鳴。她不在乎錢財，也不在乎名利，她要的是音樂領域上的契合度，只想和他來一場莫札特第21號鋼琴協奏曲。（黃祺閔）

9-1. 她最後選中了第九個，自從媽媽去世，爸爸再娶的繼母是個強悍的女人，常常藉機修理她，但是爸爸一副怯懦，不敢違逆的模樣，讓她氣憤又失望，發誓一定要找個有男子氣概，能保護自己的丈夫，離開這個家。（張亞男）

9-2. 她最後選中了第九個，極富男子氣概的他，頂天立地、坦蕩磊落，對柔弱的她來說再適合不過，外面的醜惡與風險，將在男子的面前潰敗倒下，男人將是她的盾、她的利器。（黃祺閔）

10-1. 她最後選中了第十個，那個昂立在旁幫忙的開門的僮僕。

九位求婚者有風度地退下，看似不在乎、一如往常地生活。然而，據說九位男子都曾私下向友人表示：「此女子有不為人知的缺點！」（陳音秀）

10-2. 她選中了第十個，第十個求婚者集所有的優點於一身。雖說這個人尚未出現。但像她這般如花美眷、絕世美女，應該有更優質的「真命天子」，不是嗎？所以，她寧可等，即使等到天老天荒……。（紀怡如）

分析與評量

從以上十種續寫結局，可見在愛的世界裡，「人人一把號，各吹各的調」、「公說公有理，婆說婆有理」、「如人飲水，冷暖自知」，只有好壞，沒有對錯，旁人難以置啄。可自三方面加以評量：

㈠就「意之不測」的必要條件，「入人意中」的充分條件要而言，試觀米蘭昆德拉原作結局：

> 她最後選中了第九個，倒不是因為他最有男子氣，而是與她性交時儘管她一再叮嚀：「小心」、「多多小心啊」，他卻故意不小心，使她找不到人打胎而不得不嫁給他。……

竟是選擇「理由」的反諷。原來並非冠冕堂皇的「理由」，而只不過是遷就「生米煮成熟飯」的「事實」。而最令人扼腕的是，女主角已知叮嚀提防，男子卻「故意不小心」，將計就計，製造機會，翻出變化。最後「奉子成親」、「先有後婚」，帶出人間情事，正是「偶然的必然」。到頭來，「善緣、惡緣，無緣不來」，如之奈何？當奈「公」何？

㈡就選項而言，可以跳出九個選項，這九個都「看不上眼」，形成翻轉，形成另類思維，造成意外。如紀怡如寫的第十種結局，女主角選擇「等待」，選擇嫁給「完美丈夫」。這樣的結局，往往將「坐愁紅顏老」，往往是「世上沒有理想的情人，沒有完美的丈夫」；結果只能等待紅顏已老的荒蕪，等到美人遲暮的幽幽長嘆。

㈢就情緒的強度而言，可以自「選擇」後再掀波瀾，動態變化，形成二度轉折，直指人事弔詭。如第二種結局中，陳音秀所寫的第二例，女主角用心良苦，以幫夫的「賢妻」自期，發揮「上帝創造女人，女人打造男人」、「每一個成功的丈夫，背後都有一個偉大的妻子」的精意。然而情隨境遷，今非昔比。丈夫「質盡」而「心變」，喜新厭舊，勿戀逝水，竟然揚長而去。而年華老去的「賢妻」，只能在明日黃花間，大嘆：「感恩是很不可靠的親人」、「天下男人都是『火燒東門』，都是『貝戈戈』」。當然，也可以自「戲中戲」中環環相扣，形成後記，衍生的意外。如第八種結局中，蔡青玉所寫的第一例，則在「形神相離」的想像中虛擬實境，呈現「剝洋蔥」、「大餅包小餅」的連環趣味，留下空白。均屬較佳的續寫範例。

教學省思

就此題型實施觀之，值得省思、改進處有三：一、文體特徵的說明；二、題目引導語的補強；三、創造力的測試。

(一)文體特徵的說明

一般論及短篇文體特徵，都知道要掌握「意之不測」，要能超常偏離，又要能重返正軌；於不可預測中讓人恍然會心。然而，實際上在續寫時，只注重「選擇」後的「統一」（入人意中），忘記「選擇」的「變化」（出人意外）；其中包括「理由」、「選項」、「選擇後」的超常偏離，製造陌生、離異的效果，形塑戲劇性的飽滿張力。

㈡題目引導語的補強

此題引導語爲：「所說理由，以既特殊又合理爲佳。」似嫌抽象，可以再加潤色、引申，讓莘莘學子有所憑藉，得以觸類旁通，深諳續寫的竅門，展現別具慧眼的思考力與表達力。

職是之故，引導語可修改爲：「有關選擇的理由、不選的理由、選擇後的後續變化，宜多加考量，以既特殊又合理爲佳。」

㈢創造力的測試

續寫出一個結局，一題一解，可以檢視莘莘學子的變通力；續寫出兩個或兩個以上的結局，可以檢視其流暢力。因此，若要求流暢力，可以規定要寫出兩個或三個結局，檢視其表達力的豐富性與多樣化。以此題爲例，九四級語教系呂念樺同學，即續寫十個結局：

1. 她最後選中了第一個，有個英俊的老公，帶出去多好看，走在路上可以成爲女孩們羨慕的焦點，有了英俊的基因，將來生下的孩子一定也長得很好看，好好培養他成爲明星，當上星媽以後，名利雙收，就能過著人人稱羨的後半輩子了。
2. 她最後選中了第二個，愛看推理小說的她，每次都猜不著眞正的犯人是誰，但他總是能在結果出來前先猜中答案，而且連過程都能解釋出來，福爾摩斯走出書中，當然是要選他啦！

3. 她最後選中了第三個，拜金主義的她，每次爲了想買個新的LV包包出去炫耀，就得省吃儉用好幾個月，嫁給有錢人，找個長期飯票是她最大的夢想，從此以後她就可以不愁吃穿，每天穿金戴銀，過著奢華的少奶奶生活了。
4. 她最後選中了第四個，爸爸很早就過世了，她現在又要嫁出去了，她覺得媽媽很孤單，因此，更能體會健康的重要，其他外在的一切都是次要的，要是沒有健康的身體，要怎麼「執子之手，與子偕老」呢？於是她選了健壯的他，要跟他一起白頭偕老。
5. 她最後選中了第五個，虛榮的她，看到電視上的名人連訂婚都大搞派頭，要是嫁入門第顯赫的家族，相信到時結婚的排場也一定不輸人，這是一個可以擠進上流社會的好機會，要躍上名媛之列就靠這次了。
6. 她最後選中了第六個，浪漫的她，有著詩人特有的不羈氣息，深深吸引著她，每次聽他自然而然就脫口而出的情詩，總讓她心動不已，她甘心醉倒在他美麗的情詩中。
7. 她最後選中了第七個，家中環境不好的她，國中畢業後就開始工作了，雖然現在她的生活還不錯，不過對於自己沒有辦法繼續唸書，感到有些遺憾，因此很崇拜見多識廣的他，從他身上可以學到好多事情，他就像一座寶山，她想挖掘出更多的寶藏。
8. 她最後選中了第八個，她是個鋼琴家，到世界各地去演奏是她的夢想，結婚後，兩個人可以一起實現對音樂的夢想，他的小提琴，配上她的鋼琴伴奏，兩個琴瑟和鳴，可以說是絕妙組合、天下無雙。

9. 她最後選中了第九個，雖然其他每個人的條件都很好，不過終究都是女的，總是備受女同志喜愛的她，常常感到不堪其擾，她確確實實只愛男人，因此她選擇了這些人中有眞正男子氣的他。

10. 她最後一個都沒選，每個向她求婚的男人都各有優點，她一個都不想放過，自認條件還不錯，她決定繼續悠遊於這些男人之中，成爲這些男人共同的女王。

又郭東惠續寫九個結局：

1. 她最後選中了第一個，雖說外貌英俊的男人總叫人放不下心，但她選他的目的就是爲了他那張俊俏的臉龐。她從沒對別人說過，她眞正的性向是個不折不扣的同性戀，她只愛女人。九個男人，唯有英俊的第一個才能爲她吸引更多貌美的女子。她於是笑著將手放在英俊男人的手上……

2. 她最後選中了第二個，她早就聽聞他那過人的智力以及各種厲害的發明，她們的研究計畫現在正缺個天才願意來讓她們做實驗，望著男人因爲不敢相信自己最後的選擇而雀躍著，她想，這男人一定願意爲了她而犧牲。工作狂如她，選男人也只是爲工作需求罷了……

3. 她最後選中了第三個，從小她便窮困的生活，早就讓她對一切失去興趣，唯有錢才能象徵救贖。俗話說得好，有錢萬能，管他其餘方面有何缺陷，反正等她有錢後要什麼男人都可以。笑著走向第三個男人身邊，她感覺自己正走向耀眼的未來——金錢耀眼的未來……

4. 她最後選中了第四個，健壯的男人才是最完美的選擇。這年頭環境越來越糟，到處充斥著病菌，沒有一副健壯的好身體，怕是她嫁去沒多久後就會成爲寡婦了；加上社會動盪不安，有個身強體健的男人來保護自己多好。不過，最重要的一點是，她其實根本就是個摔角迷，第四個男人實在是長的太像她的偶像豬木了啊……
5. 她最後選中了第五個，只有門第顯赫的男人才配得上「王子」二字。選了他，她才能成爲名副其實的貴族，洗去血液裡蜂擁再三，死命往她心臟深處亂撞的貧賤。想到日後人人見到她必得恭敬喊上一聲「夫人」，她的笑容就更燦爛了……
6. 她最後選中了第六個，從小她就希望自己能成爲文藝少女，只是先天的弱視使得她看什麼東西都霧濛濛的，當然更遑論是看書。因此男人再帥再有錢都沒有用，她需要的是一個能在各個不同時段爲她頌出合宜詩詞的男人，不但能當她的眼眸，替她看書增加文藝氣息，還能夠替生活製造浪漫。她於是啓齒輕說：「第六個……」
7. 她最後選中了第七個，她想，見多識廣的男人必定經歷過各種人事物，這樣的男人會願意來選擇自己，那一定是認爲自己是他尋遍了全世界後，最值得他珍惜疼愛的人。她相信，唯有這樣的男人才會認眞不變的疼愛自己一輩子……
8. 她最後選中了第八個，小時候常聽人說「愛音樂的孩子不會變壞」，人心險惡的年代，藏在金錢權力外貌下的陷阱她無法想像。聽著男人拉著柔和的曲調，她想，只有心地善良的人才能拉出這麼美好的旋律……

9. 她最後選中了第九個，極富男子氣的男人想必責任感也很重，她不敢讓人知道其實她肚子裡早就有了別人的小孩了，老實說她現在根本就是走投無路，她想，這麼多個男人裡，唯一選了後絕對不會拋棄她，並會無怨無悔的照顧她一生的，也只有第九個男人了……

可見在題目設計上，可以針對國小、國中、高中、大學不同年級，適度增至四個結局、五個結局，用以開拓思維廣度，提高難度，藉以激發更質量並進的創造力。

極短篇仿寫(一)

一、理念設計

(一)認知

1. 仿寫是「有中生有」的再造力，藉由原作的觀摩，激發創思，平行類比，展開新境。（知識）
2. 仿寫是原作的遠親近鄰。包括「相關性」的推移、「相似性」的取法及「創造性」的發揮。講究高明轉化，呈現青藍冰水的臻美書寫。（理解）

(二)技能

1. 由原作平行類比，掌握「統一律」。注重嶄新情境的統一、人物性格的統一，主題內涵豐美的統一。（應用）
2. 由原作觸類旁通，掌握「變化律」。注重嶄新情節的轉折變化，人物意識心理的靈動變化，主題內涵的深化。（綜合）

(三)情意

1. 同聲相應，同氣相求。借他人杯酒，澆心中塊壘；得見「各人得各人的眼淚」、「家家有本難唸的經」。（接受）

2. 特殊事件，共通感慨。相濡以沫，互慰平生；得見「同情心，同理心」、「生命不孤，必有鄰」。（反應）

二、教學實施

引導莘莘學子仿寫，層次有三：

㈠發揮敏覺力，展開「接近」的聯想，形成相關情境。似此偏「形似」的書寫，爲仿寫入門。

㈡發揮變通力，展開「相似」的聯想，形成類比情境。似此偏「神似」的書寫，爲仿寫進階。

㈢發揮精進力，展開「相對」的聯想，形成超常情境。似此偏「高明」而「神似」的創造性書寫，爲仿寫的登峰造極。

請根據張春榮〈父親素描〉的敘述手法，轉折變化，仿寫一篇〈○○素描〉、〈○○彩繪〉或〈○○寫生〉的極短篇。字數約五百字以上，一千字以下。

「這堂素描，畫父親。一定要畫正面，不可畫背影。」美術老師聲音稍停，後頭立即有人笑出聲，竊竊私語。

「好！開始了。不要用大嘴巴畫！線條的層次、明暗，要注意！特別要抓住人像的精神。」

美術老師拍拍手，教室頓時寧靜下來。

沙沙描畫的細響如蠶吃桑葉般飄起。瞪視畫架上擺好的空白畫紙，鴻福直發呆。父親！正面！人像精神？這要怎麼畫？自國小一年級至今，爸的臉卻從未再見過。自己，一直跟媽在一起。每次寫卡片，塡爸的名字，不知有幾百次，腦海裡，只有個模模糊糊的印象，這叫自己要如何下筆？

「把握時間，下課一定要交。」美術老師的聲音揚起。

眼見前面黑狗和小青蛙正聚精會神地塗抹。他，手拿軟心鉛筆，不禁快快然。剛才下課，黑狗興高采烈道：「昨，我老爸帶我去坪林露營。哇噻。不是蓋的。那溪水眞的是清澈見底。」小青蛙更沾沾自喜：「我老爸說我月考成績進步，買一部捷安特跑車送我當生日禮物，昨天兌現了。」他，陪笑在旁，默默無語。雖說自己名叫「鴻福」，卻不像黑狗和小青蛙洪福齊天。要比成績，自己遠在他們之上。可是，爸另外有個家。上國中以來，每逢假日，自己只有與家裡的狗「小皮」爲伍，出去跑運動場。至於媽，在國小廚房煮營養午餐，一個月薪水很有限，自己根本不敢多要求。而母子二人，就如此相依。——

傷腦筋，不畫又不行！他愣愣佇立。

這該如何是好？摸摸剛理過的三分平頭。他記起寒假中，好幾年未見的阿姨回來小鎮，見到他，像發現什麼秘密似，直手撫他肩膀，上下端詳：「哇！越來越大漢，體格越來越像你爸爸！」「越來越像你爸爸！」像一道閃電掠過他內心天空。昨晚，爲了今晨週會檢查頭髮，到隔壁歐巴桑店裡理。不久，媽也過來，直凝視他的臉，而後甜甜笑道：「嗯。我兒子的眼和鼻。生得最像我。」歐巴桑也跟著笑起來：「眞的吔！眼和鼻，和妳生得最同，好像一個模子印出來！」——轉動指間的軟心鉛筆，他靈機一動，自上衣口袋，翻出公車票。

面對公車票上自己的相片，他決定照自己的臉來畫。只要將眼睛改一改，畫小些；再把自己的鼻子畫寬些，額頭再添幾道皺紋；大概就差不多了。反正，爸也不知道。

當美術老師巡視過來，他開始勾勒出自己的輪廓，耳朵，嘴……

實作

1. 父親素描

「這一節課，你們要完成『我的父親』這一篇作文。」老師說道。大家聽到這個題目，開始津津樂道。小芳說：「我的爸爸有圓嘟嘟的肚子，每次躺在他的肚子上睡覺都好舒服唷！」小美接著說：「我爸最喜歡給我坐雲霄飛車了，好刺激唷！」在一旁的我靜默不語，從我讀幼稚園開始，我每年只見得到一次爸爸，剛開始，媽媽總會跟我說，爸爸出國去工作，所以不能常回來陪我玩。漸漸長大了，也慢慢了解到，爸爸不是因爲工作不回家，而是他有兩個家：一個家是天天回去的，另一個是過年才會回來的。而我和媽媽住的是爸爸的另一個家，因此，一年只有一次機會會看到爸爸。記得有一年，我們去外面的大餐廳吃飯，吃完爸爸就要離開，我好難過，好捨不得。這時候，從遠遠傳來一個小弟弟的叫聲，一直喊「爸爸！爸爸！」同時見爸爸轉過身，揮揮手，我才知道原來他叫的跟我是同一個爸爸。那樣的場景是我永遠也忘不了。爲什麼？大家想到的都是與爸爸快樂相處的場景，而我永遠都只想得到爸爸的背影！

「寶兒，你怎麼沒動筆，一直在發呆？我再過三十分鐘就要收作文囉！」老師說道。我回過神來，看著前後左右的同學，各個的筆都不停在動，在他們筆下的爸爸，有著說不完的故事吧！想到這，我把筆一放，一古腦兒直往教室外衝，教室裡的世界，讓我快窒息，讓我變得開始想念一個不愛我的爸爸。（辛瑞芝）

2. 全家福寫生

「這堂作文課的題目是『全家福』。寫出你們全家平日相處的趣事，家中父母一定要寫到，每篇不可以低過五百字。」台上的老師上氣不接下氣的聲音停頓了下來。

「快～寫～！起、承、轉、合樣樣要寫到。注意文辭編排及文字運用，再寫錯字就該打。咳～～～」

國文老老師重重咳了一下，教室裡充滿噁心污濁的穢氣，學生個個將口鼻摀起，教室裡霎時變得安靜。

振筆疾書的聲音如對話般微微響起。明輝兩眼空洞地對著桌上作文簿發愣。全家福！這該要如何下筆？自從襁褓以來，與父母從未謀面。家裡照顧他的，是祖父母。從幼稚園以來，講起「全家福」這個名詞，不曉得多少次用盡氣力來杜撰自己的家庭有多美好！自己的家庭如何和樂融融！但是這次又是個相同的題目，難不成要交白卷嗎？

「動作快，今天交不出來的就別想回家。」老師的尾音悻悻然地頓了一下。

前後左右的同學們正絞盡腦汁努力將腦中思緒化爲文字。右邊的小如，口中咬著筆桿自言自語地說：「昨天是老爸和老媽的結婚紀念日，全家帶著一起上館子，該要怎麼把這些寫出來呢？」這些絮語居然被耳尖的小雯聽到，回頭向小如說：「哇！眞好，結婚紀念日耶！昨天我哥生日啊，我媽忙裡忙外的煮了一桌我哥愛吃的菜。媽說下次等我生日也來辦一桌『澎派』。」她聽了這些話，內心不禁酸楚起來。比臉、比身材，自己遠遠勝過她們。雖然祖父母都說我是個最幸福的人。卻不像小如和小雯有個美滿的家庭。自從有懂事以來，祖父母屢次提到父母親皆怒不可遏地「了尾仔囝、不孝媳婦」一句罵過一句。時時告誡自己千萬別和父母親一樣走上吸毒、販毒的絕路。而祖孫三人幾年生活下來，倒也逐漸忘卻這段難堪的記憶。

唉！一定得要寫父母嗎？她空洞地望向作文紙。

該怎麼寫呢？她懊惱地搓了搓手。她憶起小時候曾經常常到小姑姑家玩。看到尚未生兒育女的小姑姑與姑丈，細心地照顧她洗澡、睡覺，夜裡發燒還驚動全家飛奔到醫院掛急診。她憶起伏在姑丈肩上厚實的感覺以及小姑姑夜裡餵她吃藥的眼神。

她決定以小姑姑爲藍圖，一點點想像出她渴求的家庭生活。只要將人物換一換，再加上文辭修飾，再添幾道自己想像的軌跡。全家福大概也就相去不遠了。

老師帶著濃重咳嗽聲經過她身旁，她把頭壓得極低，開始描寫自己腦中全家福的畫面。（賴映儒）

3. 母親素描

「五月的第二個禮拜天是什麼日子？有人知道嗎？」

「母親節！」小朋友們興奮的喊著。

每年的這個時候，美術老師都會問起同樣的問題。

他坐在人群裡，拚命放大音量，希望老師會注意到他，然而，老師笑瞇瞇的看看全班同學，點了點頭，隨即就轉過身，在黑板上寫下「我的母親」。

「那我們今天就來畫一張『我的母親』，送給媽媽當母親節的禮物。」

他的目光隨老師從台上一直走到教室後面的辦公桌，老師仍然沒有看他一眼，就像一張失焦的相片，視線總是對不到恰當好處。

隔壁小蜻蜓的媽媽，每年在畫紙上都是咧著豐厚雙唇開心的笑；後面蝴蝶的媽媽，則是抿著一張小小的嘴。那些嘴唇揚起的弧度，他幾乎都已經記得，顯得有些無聊。至於描繪他的媽媽，倒是具有十足的挑戰性。

有時候媽媽是長長烏黑的直髮，有時候是及肩俏麗棕褐色鬈髮，有時候穿著休閒，很是年輕，有時候又十分端莊穩重。

每一次，他總是最後繳交作品的學生，每一次，他總是畫得唯妙唯肖，作品被貼在公佈欄上，直到母親節前夕。然而，那不是他眞正想要的。

「老師還是沒有注意到我。」他默默的想。

寫下標題，「我的母親」四個字映入眼簾，窗外下著綿綿細雨，他靈機一動，這一次，他決定不先勾勒出母親臉的輪廓。

作品展示那天，他的畫果然又被貼在公布欄上，而且是最醒目的一幅。畫裡一個人也沒有，沒有直髮的媽媽，也沒有鬈髮的媽媽。

天空陰陰暗暗的下著雨，一針一針，細細尖尖的扎在混濁的泥土地上。遠方有一座小小的土丘，旁邊散亂著幾個泥濘的腳印。（陳彥君）

4. 童年彩繪

美術老師要我們用彩色筆、水彩或廣告顏料畫出自己「彩色的童年」，「記得一定要塗上顏色喔！」老師這樣叮嚀著。

我反覆思考，我的童年有什麼事是值得把它畫在圖畫紙上的呢？我想了很久，有兩件事是組成我童年記憶最重要的兩個成分。老師規定要畫「彩色」的，可是，其中有一件事是黑白的，它在我的心中沒有色彩，這該怎麼辦呢？「用鉛筆打草稿後，記得著上顏色喔！」老師高亢的聲音像一道閃電劈進我的耳朵。

我猶豫了很久，一支鉛筆握在手上卻遲遲無法畫出第一條線，「怎麼啦？怎麼還不趕快畫呢？」老師用手拍拍我的肩膀，「我……我正要開始畫。」這時候聽見坐在我後面的大雄說：「你看！我畫了一台腳踏車耶，這是我爸爸送給我的第一台腳踏車唷！」而坐在大雄旁邊的小夫不甘示弱地回應：「腳踏車算什麼？我畫的是一台飛機呢！每年我爸媽都會帶我出國玩，我已經去過香港、日本、澳洲、美國……，怎麼樣，羨慕吧？」

「哼！」我在心裡嘀咕著，覺得這沒什麼了不起的，但是我又沒有什麼是可以跟人家比的，只好一個人默默盯著圖畫紙發呆。「下課前一定要畫好唷！」老師催促的聲音使我開始緊張，不管了啦，我還是決定用鉛筆把圖畫紙從中間畫成兩半：一半畫藍天白雲加上綠色的田野、土黃色的田埂，還有一台「鐵馬」，以及一個老人牽著鐵馬，上面坐著一個小孩，這是小時候爺爺常在午後騎著鐵馬帶著我到田野間兜風，涼涼的風夾著稻米的香味撲在臉上、鼻子上、嘴巴上，眞的是種悠閒的享受，我最喜歡爺爺騎著車載我穿梭於夏日午後的清爽田野間。

但是這樣快樂的時光只維持到了我六歲的時候，有一天，爺爺像往常一樣騎著他的鐵馬載我出去兜兜風，沒想到在經過十字路口時，我們突然被一輛大卡車撞到，我飛到路邊的稻草堆中，我只記得看到爺爺躺在路邊，流了很血，後來，我就再也沒有看過爺爺了。

當老師再度走到我身邊時，我只用鉛筆在圖畫紙的另外一邊畫了大卡車、血和一顆破碎的心……（黃冠翔）

5. 幸福寫生

「下次的主題是『幸福的時刻』，在什麼時候你會覺得很幸福呢？可以利用到下次上課前的這段時間，觀察一下你的四周圍，將你覺得幸福的事情記錄下來，下次上美勞課，將你覺得幸福的一刻畫下來！」聽完美勞老師說完這些話，同學們在台下熱烈的討論起來，有人說之前跟爸爸媽媽一起去小人國玩的快樂回憶、有人說媽媽在她上次生日時親手烤了一個好漂亮的蛋糕、有人說每個星期天和爸爸哥哥一起去打籃球，大家好像有說不完的幸福，每個人邊說，邊流露出得意的笑容。

鬧烘烘的教室裡，雖然他也笑著，不過總是和大家顯得格格不入，傾聽著同學們說著自己的幸福回憶，在這熱鬧的氣氛中，他的心感到更加的空虛，大家的爸爸媽媽都給他們好多的愛，每天都陪在他們身邊，照顧他們、呵護他們，大家都好幸福，而自己呢？媽媽在他十歲那年，生下弟弟幾個月後，不幸被酒醉駕車的駕駛撞到而過世了。從那年開始，爸爸為了讓兩個孩子能過穩定的生活，更加忙碌於工作，為了讓爸爸可以傾全力於工作，不用擔心家裡的事，他開始兄代母職，照顧一家人的生活起居，每天早上叫爸爸起床、煮飯、洗衣服、打掃、照顧年幼的弟弟等等，所有以前媽媽在家做的事，都由他一肩挑起，現在才發現，原來媽媽以前是那麼的辛苦。

兩年下來，對於做家事早已上手的他，雖然不像從前覺得那樣辛苦，但心卻覺得越來越累，爸爸工作很忙碌，幾乎沒有時間可以陪他；弟弟只有兩歲，又能懂得什麼，想起媽媽還在的日子，那種幸福，感覺離他好遠好遠，十二歲的大男孩，雖然常常被說比一般六年級的孩子成熟，不過每當想起過去，還是不禁潸然淚下。「我想沒有人關心我吧！現在的我，毫無幸福可言。」回到家中，想到下週要畫的作業，他的心情更加煩躁。

依照慣例，開始打掃家裡，不過今天總是覺得不對勁，老感覺頭重重的，臉也熱熱的，終於他撐不住了，用體溫計一量，四十度，發燒了，難怪一直覺得不舒服，喝了杯溫水，想說睡一下應該很快就好了，還得準備晚餐呢！這麼想著，回到房間床上躺著，不過弟弟不懂哥哥怎麼了，還在一旁吵著要哥哥陪他玩，他根本無法入睡，他心中想著「我生病了也沒有人關心我、照顧我，說不定我會就這麼病死也說不定，不過要是可以就這樣睡著，不要再醒來就好了！」他腦中出現了各種畫面，在學校同學討論家人的情況、弟弟吵著要陪他玩、還沒有做完的家事、爸爸又打電話回來說要臨時加班、隔壁王媽媽誇讚他很能幹獨立、穿著黑衣服的遠房親戚們、在育嬰室裡睜著大眼睛的弟弟、媽媽大大的肚子、全家一起吃媽媽做的晚餐、爸爸和媽媽的笑容……，漸漸的，他意識越來越不清楚，眼皮也越來越重，眼睛已經無法再區分現實和幻境了。

「好刺眼的陽光。」他張開眼，窗外的黃昏已變成了耀眼的太陽，坐起來，額頭上掉下一條摺好的毛巾，身上也換成了睡衣，不知爲何，弟弟竟然睡在他的床邊的小椅子上，走下床，到爸爸的房間去看，床鋪整齊的跟昨天上學前他整理的一樣；走到餐桌，看到一張紙條還有一碗看似蛋花湯的不名物，「桌上的蛋酒以前你感冒時，媽媽常煮給你喝，喝完就會好了喔！爸爸已經幫你請好假了，今天我也跟公司說會早點回來，你好好在家休息一天吧！爸爸。」爸爸一定是爲了照顧他一晚都沒睡吧，再回房間看看弟弟，應該是擔心哥哥，硬要跟著爸爸一起照顧他，卻在旁邊睡著了吧！回到餐桌前，他拿起那碗「蛋花湯」，雖然喝起來一點都沒有媽媽的味道，反而還有股焦味，不過，他笑了，不一會兒工夫，就全部喝完了。

到了下週美勞課，他要在空白的圖畫紙上，畫上了弟弟在椅子上的睡臉，還有那碗「蛋花湯」。（呂念樺）

6. 情人素描

當美術老師要求大家畫下戀人模樣時，她愣了一下。看到班上其他同學臉上都泛起甜蜜微笑，專注的作畫，她只感覺迷惘。

從來沒想過，在工作之餘來美術班學個才藝，居然也會觸及她一直參不透的問題。

她談過很多次戀愛，每一段感情都是全心全意的付出，她自認是個專一的好情人，但是不管是哪一任男友，只要不是兩人面對面交談，她一概記不起對方的模樣，相片對她來說也是陌生的影像。原因爲何，她從不知道。

「當你越愛一個人，就越容易忘記對方的臉。」她忘記這句話是出自哪裡，但是她從沒停止過懷疑，至少，這套理論不適用在她身上。

沉吟良久，她終於領悟，原來道理是這麼的簡單，她堅定的提起畫筆，不需借助相片或鏡子的輔助，迅速的描繪出深深紮根在她腦中的那張臉，長久以來，她最迷戀深愛的人，就是她自己。（張又禎）

7. 情人素描

打開抽屜，她細細檢視裡頭所有畫作。雖說稱不上頂尖好手，但她的素描畫卻也讓她拿了不少獎狀回來。奇怪的是，她卻從沒畫成過情人的臉。相戀多年的臉龐，每個高低起伏陰影線條她都再熟悉不過，理應畫得更好，她卻總是失敗。

抽屜裡塞滿著她的失敗之作，無論高興悲傷，全是情人樣貌。從交往開始，她便用著失真的圖像記錄他們之間的愛情，層層堆疊七年，每條導致失敗的筆觸都緊纏著他們之間的回憶，各自咬著一塊時光，困惑的回望她檢視的眼光。

幾次深呼吸後，她關上抽屜，拿起畫筆，抽出畫紙，開始一筆一筆的認真畫著。她最喜歡他的四十五度側臉，和緩了他正臉迎人時過分的傲氣。濃眉、大眼、笑起來時彷彿能將一切不幸都給勾走的嘴角弧度……她專注的畫著，想起那個離別的午夜，他打來說了聲抱歉後便切斷他的世界，她持著話筒，任其兀自的嗚嗚嗚著，然後漸漸無聲。

分手將近一年，她依然每天畫著他，和過去不同的是，最近她將他畫得越來越好了。望著筆下的他逐漸成形，幾乎

如同複製他臉龐般的神似，她滿意的笑了起來……（郭東惠）

8. 情人素描

媽又在唸了，這已經成爲我最近每天下班回家的第一句問候語。想抱怨又覺得算了，這也怪不得她，隔壁林媽媽家的兒子阿華都已經生了兩個胖兒子了，我呢？連個女朋友都沒有，單身不貴族，刻板的教師生活作息。

「汝學校不是有很多查某老師，是不會挑一個來作某喔！」

我走進房門，媽的連珠炮還不停地向我轟炸。「眼睛不要長在頭上，你沒有長得多帥，不要以爲大家都配不上你！」連老姊也唸上一句。眞煩，我大力地將門甩上，打開音響讓自己放逐在搖滾樂的草原裡，我恣意地擺頭甩甩頭，手和腳不協調地伸展跳舞，聽著聽著，忽然一陣很強大的悲傷襲來，我停止動作，癱坐在床邊，眼淚一顆顆地流瀉出來，哭聲與音樂聲混雜掩蓋不住對你的思念，遙遠的那一端。

「現在是怎樣？說汝兩句就不歡喜，汝最好賣擱想伊！」

我打開櫃子底下的抽屜，拿出那本素描簿，翻到最後一面，仔細端詳你的臉，鵝蛋臉及濃眉大眼，戴著粗框眼鏡，嘴角微微上揚，不露牙齒和撥向右邊的瀏海是你的堅持，突然間湧出的回憶還有那枝軟心鉛筆，握有你和我手心的溫度，在桌上的那只鉛筆盒內。

「你也眞是的，做出這種勾當，不怕人家笑話，也稍微顧一下爸媽的面子好不好？罷了罷了，反正都過去了，你啊就算是改邪歸正，重新做人。」

我拿出鉛筆，在素描簿上開始畫，沒來由地畫。去年秋天，還記得我帶你到淡水，請街頭的藝術工作者幫我們畫張素描，她邊畫邊說你們兩兄弟還眞像啊！聽得我們噗的一聲大笑。你說要畫素描應該找你教才對，於是我的第一張作品便是以你當模特兒，之後再也沒機會了。

「我幫汝安排相親，我感覺這位張小姐人眞水，也很賢慧，是適合汝的。」

「媽，那我也要跟著去，幫弟鑑定鑑定，你知道他的品味有點怪！」

手握著鉛筆畫出張臉，是你的還是我的，分不太清楚，但是整個身子顫抖得太厲害了，無法繼續下去。只好蹲下將手伸進床底，拿出預藏許久的刀子從手腕上狠狠地劃下，血濺了出來，似潑墨畫般噴灑在剛完成的素描畫作，我苦笑著，認出這原來是你，那晚車禍後的容貌。（黃智群）

9. 情人素描

「我家那口子，成天只知道吃和睡。每天工作回來，就是往沙發一躺，連看都不看我一眼，眞不知道他在累什麼的。」

「我家的老公也是呀，結婚前結婚後根本就是兩個樣。

承諾對他來說都不是一回事，好好對待我？是幫我報名黃臉婆塑造班吧！」

「唉呀，只有小如家那傢伙對她最好啦。從高中認識到現在，結婚也兩年了，還幸福的跟蜜月一樣呢！眞令人羨慕。」

小如漾著幸福的甜蜜笑容，卻沒有人知道，那一個笑容，發自詭譎。

每個月到了以前同學們聚會的日子，小如都會穿著最美麗的衣裳，和最華麗的飾品出現在會場。昂貴的名牌和脫俗的氣質往往吸引了大家的目光，爭相問著小如的先生如何如何的待她好。「這件衣服是他去香港公差的時候買給我的，是爲了要補償三個禮拜不在我身邊的時間。」然後又接著說「這個Tiffiny耳環是他在法國的精品店買的，據說全世界只有一對。」她的同學們全部投以欣羨的目光，她則是抬起頭，似笑非笑的睥睨這一切。

同學會後，要找到小如不是件容易的事。小如總是在聚會的最後一個來，最早一個走，許多三姑六婆的同事們屢屢相約要到小如家拜訪，但總是被推托。而這次，在酒酣夢醉的時刻，大家都玩得太過盡興了。小如也不勝酒力昏昏沉沉，同學們想找她先生來接她，卻赫然發現沒有一個人知道她家的聯絡方式。於是，一個與小如較要好的朋友自告奮勇的送她回家，從早已昏醉過去的小如口中稍稍知曉她家的地點。

「耶？妳確定是這裡嗎？」其中一個朋友這樣問。「對呀，小如說的應該是這裡沒錯呀！」車子越開，越偏僻。大夥兒原以爲別墅在偏僻一些的地方很正常，但是這裡也太過誇張。在苦尋無處的情況下，友人們只能往唯一有一些燈火的地方前進，終於看到一幢白淨的樓房，正想要向裡頭的人詢問時，裡面的人已經認出小如：「耶，這是我們這裡的病人呀！謝謝你們幫我們帶她回來。」

白撲撲的病房，只有一張框起鐵架的床，和一個貼緊牆壁的櫃子。小如身穿白色的病袍，盯著眼前紅的、綠的、黃的藥丸和膠囊發愣。

當護理人員巡視過去之後，小如扳開靠牆的那個櫃子，癡癡笑著把藥丸一個一個往上用力擠壓。

牆壁上，是一個英挺的男人，藥丸拼湊成的。（王婉婷）

分析與評量

就仿寫題目而言，一至五例爲接近的聯想，第一例將「繪畫」改成「作文」；第二例將「父親」「繪畫」擴充成「全家福」「作文」；第三例將「父親」換成「母親」；第四例將「父親」換成「童年」，帶出「爺爺」；第五例將另組家庭的「父親」改成獨立養家的「父親」。至於六至九例爲相似的聯想，令人念之酸楚的親情，猶如想來傷心的愛情，是進階的仿寫。

就評量而言，可自文字敘述、情節安排、主題內涵，加以考核。

第一、在文字敘述上，宜多用「呈現」代替直接說明，多用「對話」點出情境，避免「獨白」說盡，善用藏鋒、婉曲筆法，發揮「經濟」用字的特色。一般莘莘學子在仿寫極短篇時，往往忽略。由此觀之，第三、四、十、十一例在敘述上，較爲出色。

第二、在情節安排上，原作始於父子形同陌路，天倫乖違，「父親」變成「自畫像」素描，形成合理的意外。由此觀之，最能發揮情節的「意之不測」，自成特殊情境者，當爲第三、九、十、十一例。

第三、在主題內涵上，原作由「可靠」的敘述者（他）發聲，直指父子無奈中的「情之幽微」；最能再加變化，自成新貌者，則首推第十一例。通篇始於「不可靠」的敘述者（小如），直指愛情中自欺欺人的「情之幽微」，堪稱「情近癡而始眞」的錯誤示範，引人慨嘆。

教學省思

㈠文體特徵的說明

極短篇特徵，在於「極短小精悍」。因此，仿寫時不宜過簡（第六例），亦不宜過多（第五例）。其次，極短篇善於運用對話，帶出情節，映襯情境，以「呈現」（show）代替「講述」（tell）。因此仿寫時，宜掌握原作中此等表現手法。

㈡題目引導語的補強

題目引導語，宜在「轉折變化」後，再加補充說明：

「掌握情節的相似性，發揮細節的特殊性，形成創造性書寫。」

(三)創造力的測驗

就變通力而言，一至五例，爲「接近」的變通，是仿寫的初階，六至十一例，爲「相似」的變通，是仿寫的進階。其實，亦可再求進階，展開「相對」的變通，如〈仇人素描〉、〈敵人寫生〉、〈寂寞彩繪〉等。

極短篇仿寫(二)

一、前言

以父親爲題材的散文名篇（如：朱自清〈背影〉、段永瀾〈我的父親〉），往往敘述性大於戲劇性，以情境見長；反觀以父親爲題材的小說（如：莫言〈紅高粱〉、張大春〈將軍碑〉），往往戲劇性大於敘述性，以情節見長。可見文類書寫，不管散文或小說，都需要敘述性，都必須注重細節描繪；都需要戲劇性，都必須注重情節的轉折變化。唯一的差別，僅在於其中「比例」的不同而已。

由此觀之，以父親爲題材的極短篇，短小精悍，正適合用來訓練莘莘學子的戲劇性與敘述性。藉由仿寫題型，引導莘莘學子「由仿至創」、「學用合一」的表達力。

請根據趙啓邦〈我的爸爸〉中敘述對象的變化，模仿全篇結構安排，寫一篇〈我的○○〉。題目自訂，字數約二百字上下。

「我的爸爸是醫院院長。」

上說話課的時候，題目是〈我的家人〉，我這樣介紹。下課時，小美好奇地問：「你爸爸是哪家醫院院長？台大？榮總？中興？……以前怎麼沒聽你說過？」我微微一笑。

放學時，我和小美一起回家，進入大廳，看見爸爸自信的站在「診療台」前，他很專注地醫治著人們的「足下」。爸爸對我招了招手，要我們過去幫忙。滴落的鞋油如藥水，敲鞋根的鐵鎚是手術刀，我和小美是兩個小護士，迅速地將工具遞到爸爸手上。

實作與等第

莘莘學子，依仿寫的邏輯性、靈活性、細緻性，分低、中、高三等。

(一)低表現

1. 我的爸爸是神槍手

上課的時候，與學生聊到我的家人，於是我這樣介紹著爸爸。班上的學生一陣嘩然。下課時，學生紛紛好奇地問我：「老師，你的爸爸眞的是神槍手？那他最遠可以打到哪裡？打靶時最多可以得幾分？」我微笑地搖了搖頭，沒有回答。

放學時，我和學生一起走路回家，看見爸爸正專注地拿著水槍往屋子發射，所有的火苗一一被擊中。爸爸轉頭對我笑一笑，水槍噴射出來的水流像一股暖流，注入我的胸膛，溫暖我的心，也拉近我和爸爸之間的距離。

2. 我的爸爸是畫家。

上說話課的時候，題目是〈我的家人〉，於是我這樣介紹著爸爸。班上瞬間起了一陣騷動，同學們不時交頭接耳討論我的回答。放學時，正雄以驚異的口吻問起我的回答：「你爸何時是畫家了？那他最喜歡梵谷、畢卡索，還是達利？」我咧開了嘴，笑而不答。

放學路上，我和正雄肩並肩路過一面電視牆，廣告又送來熟悉的聲音：「世界上最好的車，是爸爸的肩膀。」我彷彿看見爸爸的涔涔汗水，以及他模糊而迷離的臉龐，隨著不切實際的想像呼嘯而過。事實上，我從未見過我爸爸，只能以想像的畫筆，描繪各種爸爸的容貌。

3. 我的爸爸是植物專家

上說話課的時候，題目是〈我的家人〉，我這樣介紹。班上同學一陣嘩然。下課時，小齊好奇的問：「你爸眞是植物專家？他研究花卉、喬木、灌木，還是藤蔓類？以前怎沒聽你提過？」我微微一笑。

放學後，我一進家門，便直接走到爸爸的房間，和往常一樣，幫爸爸拍背、按摩、擦澡、說今天學校發生的趣事給爸爸聽。爸爸還是一動也不動的躺在床上，睜著空洞的眼，活在自己的世界。

⑵中表現

1. 我的爸爸是舞蹈家

上說話課的時候，題目是〈我的家人〉，於是我這樣介紹著爸爸。引起班上一陣不小的騷動。下課時，雅婷好奇地問我：「妳爸是舞蹈家？那他會跳踢踏舞、芭蕾舞、民俗舞蹈，還是現代舞？……爲什麼都沒聽你說過啊？」我只是摀著嘴笑。

放學時，我和雅婷手拉著手一起回家，看見爸爸在屋外揮汗如雨地忙碌著。爸爸的手在空中畫出一道又一道完美的弧線，將串串晶瑩剔透、豐美飽滿的葡萄往偌大的木桶裡送；雙腳在木桶裡規律地踩著、踏著；厚實黝黑的臉龐漾著甜蜜心醉的笑容，彷彿正與女伴跳著熱情的佛朗明哥舞曲。（張齡之）

2. 我的媽媽是魔術師

上說話課的時候，題目是〈我的家人〉，於是我這樣介紹著我的媽媽。班上同學一陣嘩然。下課時，意雯好奇地問我：「妳媽媽眞的是魔術師嗎？那她可以變出什麼，兔子、鴿子，還是把人變不見？」我微笑地搖搖頭，沒有回答。

放學時，我和意雯手牽著手一起回家，看見媽媽正忙碌地在廚房做菜。媽媽對我們笑了笑說：「十分鐘就好了唷！」她手中揮舞著菜鏟，將冰冷的食物變成可口的菜餚，我和意雯如同台下的觀眾，期待著她的魔術秀。（尹瑄）

3. 我的弟弟是指揮家

和朋友聊天的時候，話題是〈我的弟弟〉，於是我這樣談到我的弟弟。同座的朋友一陣訝然。一陣疑問後，朋友好奇的問我：「你的弟弟眞的是指揮家？那他喜歡蕭邦、貝多芬，還是莫札特？」我微笑的搖了搖頭，沒有回答。

作文課時，弟弟和同學排排坐好，看見老師挺直的站在講台上。弟弟很專注的指揮著文字。他搔了搔頭，弟弟的喃喃自語、老師的叨叨不休像音樂，作文簿的格線像五線譜，錯別字和塗鴉如同兩個裝飾音，俏皮的溜過。（紀怡如）

㈢高表現

1. 我的爸爸是個賊

上說話課的時候，題目是〈我的家人〉，我這樣介紹著我的爸爸。班上同學一陣嘩然。下課時，小齊好奇的問：「你爸眞是賊？他爲什麼當賊？他到底偷了什麼？以前怎沒聽你提過？」我微微一笑。

放學後，我和小齊一起走出校門，爸爸在門口等我，我

飛奔過去抱住爸爸，爸爸的笑容像太陽，我的心像向日葵仰望，心甘情願的被爸爸偷走了。（陳麗雲）

2. 我的阿媽是船長

上說話課的時候，題目是〈我的家人〉，於是我這樣介紹阿媽。班上同學笑成一團，老師也笑著問我，是不是阿公才對啊？

下課時，小風拉住我問：「妳阿媽眞的是船長？怎麼我從沒看過妳阿媽出海哪？」我輕輕的笑了笑。

放學時，小風跟著我回家。進門時我隱隱的頓住，小風撞上我的肩也停下腳步，我們看見坐在織布機前的阿媽，她正瞇著眼細心地排製絲線的航道。交織的藍白條紋像波動的海浪，木梭是航行其中的帆船，我和小風如同兩隻岸邊的海鷗，靜靜停駐在溫暖的澄色夕照裡。（郭千綾）

3. 我的女友是遊戲機

上兩性教育課程時，上台發表個人的愛情觀，小佑用這句話當了開場白。許多人連同老師都面露疑惑。下課後，我正經的問小佑：「你的女友是哪種遊戲機？是XBOX、PSP，還是GB？」他微笑地搖了搖頭，沒有回答。

回家後，小佑將圖文並茂的交換日記遞給我，裡面盡是成雙成對的甜蜜照片，只是有個身影不斷在變。愛情在他的生命中玩耍，每個女孩像是不同的遊戲機，愛情是遊戲主

題，小佑心投入並且專注的玩著，遊戲都要結束，只不過時間長短罷了。（王妙華）

分析與評量

(一)低表現

低表現即不合格之作，在構思、理路上，往往扞格難通，缺乏「正確、條理、嚴謹」的邏輯性，無法自圓其說。

第一例中爸爸是「神槍手」，能夠澆水時射中目標。雖具巧思，但接著說：「所有火苗一一被擊中。」則銜接不上，難以理解。「火苗」是指屋外熱得冒煙的盆栽，燒金紙竄起的火焰？高溫熾熱的艷陽？語意不明，形成病句。

第二例中爸爸是「畫家」，應該能彩繪天地，籠萬物千景於筆端。結果，爸爸是素未謀面的陌生人，變成自己望風懷想，示現虛擬，描摹容顏。前後形成敘述「角色」的割裂，爸爸並非「畫家」，反而是被畫的「肖像」。

第三例中爸爸是「植物專家」，應該能除草施肥，工於園藝，處理所有植物的疑難雜症。看到最後，才知道爸爸是「植物人」。由一個「能動」、「能照顧」的專家，變成一個「癱瘓」、「半身不遂」的病患，亦形成敘述對象的對反。似此「植物專家」、「植物人」的雙關，相互矛盾，殊爲不宜。

㈡中表現

中表現之作，能掌握原作重點，運用「錯覺」、「揭曉」的倒敘方式，展現類比、遷移的變通力。

第一例中，爸爸是「舞蹈家」，和木桶裡踩葡萄的律動形象，自然連結。第二例中，媽媽是「魔術家」和廚藝高手變出一桌可口菜餚，自然連結。可惜這兩例結尾時，只運用一個比喻，不像原作中運用三組比喻，形成相關聯想。

至於第三例中，則能注意三組比喻的相關仿寫，可惜弟弟是「指揮家」，指揮出動人曲子，演奏精彩樂章，和弟弟「作文」時狀況連連、噪音干擾，無法形成貼切類比，有待修正。

㈢高表現

高表現之作，能掌握「意外」敘述的重點，兼及「相關」描寫的細節，照見整體的協調性，展現「神似」的精進力。

第一例中，爸爸是「賊」，引人狐疑，直至最後，才知是「似貶實褒」的正人君子，關心子女的「小太陽」。結尾，運用兩組比喻，將父女關係類比成「太陽」與「向日葵」，相當貼切。

第二例中，阿媽是「船長」，藉由敘述視角的變化，得見陸上織布的阿媽，正是海上經驗老道、乘風破浪的「一人船長」。結尾三組比喻（「藍白條紋」與「波動的海浪」、「木梭」與「帆船」、「我和小風」與「兩隻岸邊的海鷗」），生動鮮活，細緻關連，最爲特出。

第三例中，「女友」是「遊戲機」，藉由不同視角的敘述，女友不是「與子偕老的靈魂知己」，而是「一場遊戲一場夢」的片刻玩伴。這樣的愛情，沒有生死相許的承諾，只有工具性的消費功能，彰顯現代愛情的物化，不在乎天長地久，亦不在乎曾經擁有，新的款式的遊戲機，便是另一場愛情的開始。似此敘述，由寫人兼及諷刺性的比喻（「每個女孩像是不同的遊戲機」），映射新世代的愛情觀，極具現代感，相當特殊。筆者以為，結尾「愛情是遊戲主題」一句，「愛情」改成「喜新嘗鮮」，立意將更為深刻。

教學省思

(一)文體名稱

極短篇下限的字數，沒有嚴格規定。陳義芝主編《聯合報》副刊，另外分出「最短篇」，字數以二百字為上限。可參其所編《最短篇》（寶瓶文化，2003）。又攸關其中所選作品之簡評，可參筆者〈機智的火花——最短篇小論〉（《文學創作的途徑》，爾雅，2003）。

(二)引導語

此次引導語，僅謂「模仿全篇結構安排」，不夠周延。宜再加補充：「並注意結尾中三組比喻的運用。」否則，莘莘學子將只注意「結構的仿寫」，而忽略「比喻的仿寫」。以陳麗雲實作為例：

1. 我的爸爸是珠寶商

上說話課的時候，題目是「我的家人」，我這樣介紹。班上同學一陣嘩然。下課時，小玲好奇的問：「你爸眞是珠寶商？他賣黃金、瑪瑙、水晶、翡翠，還是鑽石？以前怎沒聽你提過？」我微微一笑。

放學後，我和小玲一起回家，經過一片綠油油的稻田，爸爸正彎腰拾起一把一把豐滿的金黃稻穗，黃澄澄的穀粒閃爍著耀眼的珠寶光芒。

2. 我的爸爸是總裁

上說話課的時候，題目是「我的家人」，我這樣介紹。班上同學一陣嘩然。下課時，小齊好奇的問：「你爸眞是總裁？他是台塑集團、遠流集團，還是竹科集團？以前怎沒聽你提過？」我微微一笑。

放學後，我和小齊一回家，經過家裡的大倉庫，看見爸爸正坐擁滿室訂單，努力握著裁紙刀，正確精準的裁著冥間鈔票，將它們一捆一捆整理封箱。

3. 我的爸爸是超級大明星

上說話課的時候，題目是「我的家人」，我這樣介紹。班上同學一陣嘩然。下課時，小玲好奇的問：「你爸眞是大明星？他是演員、歌星、模特兒，還是導演？以前怎沒聽你提過？」我微微一笑。

放學後，我和小玲一起回家，經過高年級教室，看見一群小朋友正整齊排著隊，手裡拿著一本本聯絡簿，等著爸爸給他們簽名。

4. 我的爸爸是生活藝術設計師

上說話課的時候，題目是「我的家人」，我這樣介紹。班上同學一陣嘩然。下課時，小英好奇的問：「你爸眞是生活藝術設計師？他從事哪方面設計？是建築、服裝、美容造型，還是文宣廣告？以前怎沒聽你提過？」我微微一笑。

放學時，我和小英一起回家。踏入素淨典雅的公司，看見爸爸正和傷心無助的家屬討論喪禮的繁瑣事宜，爸爸誠懇眞摯的對他們說：「請放心！這人生的最後一程，我一定會爲他設計一場，屬於他的特別溫馨的告別旅程。」

5. 我的爸爸是捉鬼大師

上說話課的時候，題目是「我的家人」，我這樣介紹。班上同學一陣嘩然。下課時，小花好奇的問：「你爸眞是捉鬼大師？他眞勇敢，他專抓哪一種鬼？是吸血鬼、殭屍、小鬼，還是孤魂野鬼？以前怎沒聽你提過？」我微微一笑。

放學時，我和小花一起回家，看見爸爸正在馬路上取締一個酒駕肇禍的酒鬼，昨天爸爸更辛苦的和一個吸毒鬼奮鬥半天，爸爸眞是魔鬼剋星。

6. 我的爸爸是捉鬼大師

上說話課的時候，題目是「我的家人」，我這樣介紹。班上同學一陣嘩然。下課時，小花好奇的問：「你爸眞是捉鬼大師？他眞勇敢，他專抓哪一種鬼？是吸血鬼、殭屍、小鬼，還是孤魂野鬼？以前怎沒聽你提過？」我微微一笑。

放學時，我和小花一起回家，剛出校門，就看見爸爸笑臉盈盈跟我揮手，我過去和爸爸手牽手一起回家，爸爸笑著說：「今天懶惰鬼有沒有來找你呀？」「才沒有呢！」爸爸將我身上的骯髒鬼、懶惰鬼、小氣鬼、莽撞鬼，早就抓光光了。

即可在「比喻的仿寫」上再求精進，發揮相關聯想的細緻性。相信如果在引導上，更為周延，包括戲劇性（結構）、敘述性（描寫）的指點說明，莘莘學子在仿寫時，必將多所著墨，實作表現將更臻理想。

㈢仿寫的創造力

就創造性的想像而言，本篇的重點有二：一、敘述視角的意外；二、比喻聯想的相關；形成「有理而妙」的仿寫。

其次，仿寫藉由「情境類比」，往往由低度「神似」的轉化，邁向高度「神似」的另闢新境，充分展現絕妙的「變通力」。如「高表現」中的實作，立足於優質變通，再造新境，甚而精益求精，展現更細緻的「精進力」。

復次，仿寫的創思，並非原音重現的呆板，而是舊瓶新酒的鮮活，往往在衍生新境中自然加料，形成特殊口味。如「高表現」中第一例，所謂「我的爸爸是個賊」，並非事實，而是似貶實褒的「倒辭」（言辭的反諷）。第三例中，所謂「我的女友是遊戲機」，並非判斷句，而是比喻。並在比物喻人的敘述中，喪失「人性化」、「主體」的地位，退化成「物性化」、「客體」的玩物，兼及諷刺意味。

最後，更高明的仿寫，可以再求擬虛爲實（形象化）的幻設新境。如：「我的快樂是個精靈」、「我的悲哀是個藥劑師」、「我的幸福是個魔術師」、「我的失敗是個針灸師」、「我的友情是個建築師」、「我的歡樂是個指揮家」、「我的愛情是個調酒高手」、「我的過去是雨後彩虹」、「我的未來是追夢人」、「我的回憶是億萬富翁」、「我的傷口是鹽田」、「我的成功是笑面殺手」……等。當然，似此仿寫，可以要求高中、大專莘莘學子。對於國小、國中的不宜苛求。

極短篇改寫㈠

一、理念設計

㈠認知

1. 改寫是「互別苗頭」的變通力，改變原作的形式或內容，展現不同的敘述，呈現大異其趣的想像，形成別出心裁的解讀。（知識）
2. 改寫是「標新」、「立異」的另類書寫，強調「再發現」，強調「換個角度，世界不一樣」，尋找「不一樣」的聲音，探索「相對」、「超常」的視野。（理解）

㈡技能

1. 激發莘莘學子打破單一思維，「大膽改變」。其中包括：改變文體、改變視角、改變敘述、改變情節等不同的重新構思、不同組合。（應用）
2. 培養莘莘學子掌握合理推論，「小心開展」。安排情節與細節，能有新的轉折、新的說法、新的意義的揭示。（綜合）

㈢情意

1. 藉由不同視角，重新檢視人物的心靈世界，深化內省智能，凝視更幽微的「同情心，同理心」。（接受）
2. 藉由不同安排，重新檢視人物間的互動變化，思索人際智能，體悟：溝通之必要，關懷之必要，分擔之必要，責任之必要……。（反應）

二、教學實施

引導莘莘學子改寫，提示的重點有三：

㈠就改變文體而言，將極短篇改成詩，難度極高。可參愛亞極短篇〈打電話〉與余光中新詩〈天府之國〉。一般都只用以欣賞、比較，不設計題型。

㈡就改變視角而言，難度較低，較易實施。唯必須提醒莘莘學子在「改變視角」之餘，仍須掌握極短篇的「意外」特徵，展現不同聚焦的新趣、新味。

㈢就改變情節而言，必須考慮特殊細節，塑造語境，渲染氛圍。又值得再加構思的是，改變情節勢將改變結局，進而改變主題，這是「小說」藝術的自然連線，環環相扣，因果相連。

一個多人的聚會，便有不同的視角，不同的說法。以「同學會」爲例，可以有當事者、朋友、女友、家人不同的

敘述觀點。請改寫蔡青玉〈同學會〉，其中視角必須改變，敘述人稱必須統一。文長三百字以上。

還沒畢業的高中同學，在家裡先預支了一年後的同學會。

「原來小吳的家是這樣啊！」幾位女同學在進門後除了喊聲「吳媽」，內心都百感交集。其實我是不想來，畢竟這些人我平常在班上根本就不熟，這一次的同學會舉辦地點就在我家，所以，我不得不參加。

「去看看小吳的房間吧！」一個女同學禁不住好奇，相約幾個女生就進去了我的房間。

「眞是沒禮貌，看完我房間還哭哭啼啼的。」在無力阻止她們進入我房間後，我只好輕輕的發了幾句牢騷，只不過她們聽若無聞，依舊在我家裡來來去去，聊天的聊天、看電視的看電視，非常歡樂。

「我們每個月都找一天來吳媽家吧！」一個同學熱情的提出了這個意見，不過似乎沒有多少人附議，最後這提議也不了了之。

其實我也不想要他們以後每月一次都要來我家，只不過看到大家在同學會過後，意興闌珊的對下次聚會沒什麼興趣的態度，就讓我感到非常惱怒。

晚上十點多，同學離開後，媽媽獨自落下了眼淚，我想也是，面對這些沒看過的同學，還得用心準備菜餚來招待，的確是件不太令人高興的事。

媽媽總是這樣，獨自承受著眼淚的壓力，不想就不想，何必這麼委屈自己呢？

「媽，妳可不可以不要再這麼辛苦了。」這句話我一直想等到可以撐起這一個家的時候才說。

只是，車禍奪走了我的生命，也奪走了我的聲音，這句話媽媽永遠也聽不到了。

實作

實作可以採取六種視角的改寫：吳爸、吳媽、小吳（將原本「第一人稱」改成「第三人稱」）、好友、女友、特殊視角（非人），形成羅生門的版本。

1. 吳爸

聽說自從兒子死後，他的同學們都會一個月辦一次聚會，相信妻子她多多少少都能得到一些安慰吧？

最近跟妻子比較常聯絡了。或許是因爲死亡，澆醒了她狂熱的歇斯底里。當初要不是她強烈的控制慾，我跟兒子也不至於和她漸行漸遠。

雖然早已離婚，但是總覺得她還是不時在監控我的生活。當初因爲工作關係調離台北，著實讓我鬆了一口氣，只是我一直很懊悔，假使我把孩子帶走，今天就不會發生這種事了。而那時他好不容易才考上前幾志願的高中，我怎麼忍心讓他放棄？

想到他之前的來信，我就感到心痛，一向不善與人交際的他，好不容易交了個善良體貼的女朋友。但是這兩年以來，妻子從沒一刻接納過兩人的交往。要不是如此，那女孩也不會痛苦到提出分手。兒子更不會爲了挽回女孩的心，急急忙忙在半夜跑出去，也就不會被深夜狂奔的機車……

這次，我之所以申請調回台北工作，不但因爲我想多陪陪妻子，更因爲那場同學會，我沒有理由缺席。（張又禎）

2. 吳媽

有人說：「女人是弱者，爲母則強。」但對於一個白髮人送黑髮人的媽媽，也只有強顏歡笑了。

早上，將包水餃的材料準備好。兒子的同學陸陸續續過來。吳媽長，吳媽短，讓她像陀螺般轉個不停：「好好好！」、「坐坐坐！」、「包好的放這邊！」、「對對對，壓一下就好。」、「看看水滾了沒？」吳媽嘴一直沒停過，手一直沒歇過。忙碌恍神中，彷彿看到兒子的身影出現在熱鬧的飯桌旁。唉！兒子一向粗枝大葉，沒有耐性。教他包水餃，總包不出元寶，草草一捏，整個水餃皮便破了，叫他沾一下水，再邊邊一抹，往中間一按，便大功告成，他總是嬉皮笑臉：「媽！我會吃就好了！」

每次下雨，兒子騎機車上學，她一再叮嚀：「不要騎太快！要小心！」、「安全帽要戴，騎機車是人包鐵……」、「晚上特別要注意，不怕一萬，只怕萬一。」兒子總嫌她很煩，囉哩巴嗦。你看！偏偏就遇上「萬一」。在大雨滂沱的橋頭，私家車打滑，撞到兒子機車，兒子整個人飛出去，一輛公車輾過……。

咳！兒子的同學眞有心，每年都挑兒子生日，前來聚聚，開同學會。這是她最快樂的時光。即使同學迄今仍不知兒子不是她親生的。（張錦池）

3. 小吳

⑴他不安的看著他們在他家裡走來走去，無法明白他們的眼淚到底是從何而來。那些個「同學們」，他沒有一個熟，從前在班上連正眼都不曾瞧過他一眼。現在，全在他媽身旁哭個唏哩嘩啦，不可收拾。

你們的悲傷，從何而來呢？他穿透過一個個仍止不住抽泣的同學身軀，試著想感受他們傷悲的理由。進去、出來，班長、風紀、服務、體育，男男女女，空空洞洞。他終於忍不住的嘆息，爲他的一無所獲。

他看著母親忙東忙西的模樣，一邊張羅吃的，一邊安慰同學。陌生，是他對她僅餘的感覺。兩年多前，要不是母親多疑的個性使得父親憤而離家遠去，他又怎麼會成爲單親家庭的小孩？

人要是會記得教訓，那麼這個世界就不會混亂愚蠢成這個樣子。他很感謝母親這兩年多來爲撫養自己所作的一切努力。卻也想不透爲什麼母親要用對父親那套來對自己。

「說，你是和誰出去了……你是不是和你爸一樣不要我了……你你你……」

過多的猜忌，他無力負荷。望向眼前相互安慰的「熟悉的陌生人」，他想，也許這才是最好的結局吧……（郭東惠）

(2)小吳冷眼看著今晚這齣事先精心策劃過的場面，充滿熱鬧、歡樂的氣氛。眞服了這群人！佯裝，虛僞，可笑。平日都沒説過什麼話的同學，居然會爲了要安慰媽媽而到家裡來。説是基於同學間道義？多麼冠冕堂皇的理由啊！平時在班上取笑他是「雜種」的那些人如今都換了一個面孔。那嘲諷譏笑的嘴臉，他永遠都忘不了。二年多前剛開學時，也曾經邀同學到他家來玩，得到的卻是無情的拒絕。之後他聽到一些同學們在背地裡竊竊私語：「小吳他媽媽是一個不要臉的女人。據説專門勾引別人家的男人……，我才不要去那種骯髒的家庭玩呢……」

從此，他在班上盡量讓自己像個隱形人，過著獨來獨往，沒有朋友的學校生活。很幸運的，漸漸被大家所遺忘。

至今，他還是無法原諒媽媽，如果不是她與幫傭家庭的王伯伯有曖昧關係，父親也不會氣到心臟病發而過世，而他也不會兩年都過著孤單黑暗的生活。

他看著他們彼此噓寒問暖，情同家人，不禁感到噁心，同時，也感到悲哀。他轉身過去，想應是去與父親見面的時候了……（陳姿吟）

4. 朋友

(1)他沒有去參加這場歡樂的宴會，他也不想再去説些什麼，也許只有他才能夠明白小吳的無奈，當你已經沒有辦法去改變，眞的一點辦法也沒有時，那麼應該要如何是好呢？美麗虛僞的謊言只留待世間的愚人去相信。他只能受人之託，忠人之事。小吳處在邊緣之境，沒有人關心、沒有人會在乎他。媽媽替別人家幫傭沒有時間陪伴他，同學對於他，都避之唯恐不及。好像跟小吳說話，就會被污染，老是背地裡說他是他媽媽「討客兄」生的私生子。

小吳的父親早亡。媽媽不管他，老師也都沒有注意到他，同學們大多都取笑他。會發生這樣的事，並不是小吳一個人的錯。可是，所有的苦難卻由他一人承受，小吳不能理解老天爲什麼對他這麼不公平，這個世界對他來說一點意義都沒有。是這個世界先遺棄他的，別怪他無情的選擇拋棄這個世界。他能夠理解小吳的心情，但他卻沒有辦法勸回小吳的心。小吳的意志是如此的堅決，精心策劃的安排，天衣無縫，完美的意外死亡，對於小吳他沒有後悔，只有遺憾。

就讓事情的眞相隨著小吳的死永長眠於土吧！

對於這預知死亡紀事，除了從旁幫助外，再也無能爲力。對小吳的決定，自己無法說服改變，眞的深感痛苦。當你已經沒有辦法去改變，眞的一點辦法也沒有的時候，那麼只能……（陳姿吟）

---

(2)吳媽媽一大早就到菜市場買菜，準備晚上煮一桌好菜好好招待我們。我和班上的幾位同學約好，每個月要到小吳家聚會一次，雖然我們說好每個人要自己準備一道菜帶來，但吳媽媽說我們每一個人都像是她的孩子一樣，堅持爲自己的孩子燒菜。

傍晚，我們陸陸續續到達吳媽媽家，大夥兒一進門就熱情地喊道：「吳媽媽！」看見吳媽媽在廚房忙進忙出，女同學就去幫忙洗菜、切菜、擺碗筷，男同學則幫忙人布置桌椅，也有幾個人就坐在客廳看電視聊天。這十坪不到的空間因爲我們的到來，頓時熱鬧、歡樂了起來。

突然有同學提議想去看看小吳的房間。幾個同學進去後，看到小吳平常穿的衣服還整齊的掛在衣櫃上，之前告別式上的難過情緒再度湧上心頭，還好有幾個比較堅強的同學安慰他們，才止住這悲傷的情緒，沒有讓吳媽媽看到。

其實小吳之前跟這些同學並沒有太大的交集。在班上，只有我是他的好朋友，他個性獨立而且沉默，我們是因爲家裡住得近，常常一起走路回家才熟識的。可是那一場突如其來的死亡車禍，奪走了吳媽媽相依爲命的兒子，也奪走了我的好朋友，看到同學們悲傷的神情時，我的心也像刀在割。只是我要堅強，不能讓吳媽媽看到我們偷偷的掉淚。吳媽媽是一位單親媽媽，小吳走了之後，她就一個人孤伶伶地守著這間房子，我們大家非常同情吳媽媽的遭遇，於是決定每個月找一天到小吳家陪伴吳媽媽，讓吳媽媽感受到人間的溫暖，早日走出喪子之痛。

直到深夜，同學們才陸續離開，而我決定留下過夜，與吳媽媽好好的聊聊天。我心裡清楚：之前小吳因爲某些誤會，已經兩年沒有跟吳媽媽說過任何一句話了，這是小吳之前跟我講的悄悄話。雖然我知道事情的眞相，但爲了保護小吳，也保護吳媽媽，我選擇把這個秘密守住，不告訴任何人。今晚，就讓我代替小吳，當吳媽媽一夜的兒子吧。（黃冠翔）

(3)今天是高中畢業之後的第一場同學會，他和幾名要好的同學說要到小吳家去，吳媽媽說要燒幾道好吃的菜給他們吃。

約定的時間還沒到，他就登門拜訪了。一進門，看到已經有幾名熱心的同學在餐廳裡幫忙擺碗筷、桌椅，吳媽媽正在廚房裡辛苦的忙著。這時候，就算他心底有什麼話，也說不出口。

同學們雖然已經畢業一年，各自考上不錯的學校，但感情還是一樣熱絡，大家就像多年不見的朋友，有著聊不完的話題。這種熱鬧歡樂的氣氛眞好，遺憾的是，少了他最好的朋友。這時，忽然有一名女同學叫了一聲他的名字，他不知所以然的抬起頭，看見大夥兒都笑了出來。他們說他今天不知道怎麼回事，老是心不在焉，等會兒有好吃的絕對不會叫他了。

突然，大家的注意力轉到小吳的房間內，一名女同學說想去看看小吳的房間，於是幾個女生跟著進去。這是一個充滿愛心的房間，雖然小吳已經因爲車禍過世，但吳媽媽將這間房間整理得一塵不染，彷彿小吳還住在這裡，從未離開。幾個女同學們禁不住哀慟，開始掉淚，哭成一團，原本歡樂的氣氛因爲小吳的事轉爲悲傷。大家都知道小吳是單親家庭，也知道他與替人幫傭的母親相依爲命，高三那一年，突如其來的一場車禍，奪走了小吳這擁有大好前程的年輕生命，大家除了震驚之外，也發起捐款活動，更有幾個同學自動自發，說好每月到小吳家一聚，希望能陪著吳媽媽早日走出喪子之痛。

這個同學會一直持續到晚上十點多，同學們才一一離開。他站在門口不斷猶豫，有些話，究竟該不該說出口，只要他不說，沒有人會知道。好不容易，同學們走都走了。他想一想，還是返身走進客廳，告訴吳媽媽這個隱藏在他心中將近兩年的秘密。

原來，小吳出車禍的當天，是因爲和他吵了一架。一氣之下，小吳衝出他家，連安全帽都沒戴，就騎著機車走了。後來他才知道，小吳在回家的路上出了嚴重車禍，等他得到消息趕到醫院時，已經來不及見到小吳最後一面。加護病房外，吳媽媽與同學們傷心的臉，讓他頓時無法把話說出口，內心一直充滿著罪惡，是他害死了小吳。原以爲愧疚感會隨著時間消失，但一直到同學們說要到小吳家開同學會時，他才清楚知道，如果不將這個秘密說出，他一輩子都不會原諒自己。

話說完的同時，他已經做好心理準備，等著吳媽媽將他趕出門。怎知當他抬起布滿淚水的臉孔時，看到的不是震怒與責備的眼神，而是吳媽媽充滿諒解的微笑。這個時候，他知道他已經不需要再多說什麼，因爲他心中的痛已經隨著吳媽媽溫柔的眼神而融化了。（黃瑗瑗）

5. 女友

吳媽媽拿出蛋糕，招呼大家：「你們同學眞有心，還記得幫他慶生！」、「來來來！坐坐坐！不要罰站喔。」翻著桌上小吳笑得很陽光的相片，在大夥齊唱「生日快樂」歌中，她知道：「快樂住在悲哀裡」……

小吳一談起他的家庭，臉上的陽光立即消失，留下沉重的烏雲：爲什麼爸爸要離家出走？另築香巢？媽媽爲什麼不乾脆辦離婚，風風光光改嫁？不要老是被傳說和王伯伯有一腿！……她只能安慰他：「命運給我們一顆檸檬時，讓我們設法做出一杯檸檬汁！」小吳搖搖頭：「只能長成一棵檸檬樹。你知道嗎？在秘密的花園裡，寂寞和檸檬樹一起成長，青春和煙火消失在夜空，翅膀的命運是迎風，跌落，不想再飛……」拿出村上春樹的小說，小吳自言自語。她愣在旁邊，搭不上腔。

隔了兩天，竟傳來小吳夜晚騎機車，天雨路滑，衝出橋上路肩，衝入暴漲的溪流，屍體在下游找到。班導和同學都當成「車禍意外！」她直覺打了一陣哆嗦：小吳會不會是故意的？

面對蛋糕上搖曳的燭光，大夥拍手的笑容，她一直不敢把自己的感覺講出來。（秋實）

6. 特殊觀點：衣服

媽媽用那長滿繭的雙手將我從黑暗的衣櫃裡找出來，放進洗衣機裡，讓時間劃過的污漬從我身上扭轉，消逝。陣陣暖流鋪平了皺紋，用衣架掛起顯得英挺。又經過一個月了，主人的同學們即將在家裡相聚，媽媽一早便到市場把晚上要煮的菜都買齊。但是主人，也就是他們口中的小吳，因爲車禍而過世，那幾處血印至今還未從我的身上抹滅。

黃昏一到，同學們陸續來了，很親切地向媽媽打招呼，有的幫忙洗碗，有的佈置桌椅，十坪不到的空間，頓時有了熱鬧的氛圍。固定的有位女孩會來到我的面前，專注地看著我的身子，撫摸我的肌膚，然後，掉下幾滴眼淚。另外有個男生則是趁大夥兒收拾碗盤時，一臉不耐煩的走進來，向我訴說大家的虛偽。緊接著一群女同學也來了，討論著下次相聚的時間是否能夠再晚一點，甚至取消，反正已達到老師的要求。我張大眼睛看著他們，卻沒人正視我的存在。

這夜直到十一點多，同學們一一離開。媽媽回到房間，跟我說著今日的心情，她很高興主人有這群貼心的同學，雖然她之前一個都沒看過；也很難過在事情發生前，主人有兩年沒與她說過話。說著說著哭了，痛哭起來，是抽搐著身子的那種，在主人出車禍前，我已有過這種感覺。

說起來我與主人，算是革命情感。白天，他穿著我到學校上課，一放學便到工地兼差，幾斤重的鐵條就這麼扛在肩上，把我的身子都弄髒了。到了深夜領了錢，還得比媽媽早到家。他洗澡時，也會順便幫我搓搓揉揉，進房門後晾起來，就在現在掛著的位置。接下來，便會拿出功課，邊打瞌睡邊寫，有時就這麼睡著了，好幾次都是媽媽喚他去床上睡。然後一清早，他穿著我出門，送早報，再去上學，這一切主人都刻意隱瞞。於是有天媽媽痛罵他一頓，說鄰居看見主人很晚才會回家，沒把心放在課業上，請主人多體諒媽媽努力賺錢的艱辛，接著就是一陣藤條亂打。我很想跟媽媽說妳誤會了。主人的哭泣顫抖，讓我好驚嚇。他不發一語的跑出門，接著就被送到醫院。我醒來時身子全是血跡，已與主人分離。

接下來的好幾個月，便沒有同學會了，只剩下那位女孩獨自前來……。（黃智群）

分析與評量

極短篇改寫的評量有三：第一、敘述視角的效果，以能形成視角的「意外」爲佳；第二、情節設計的改變，以能形成情節的「意外」爲佳；第三、主題內涵的改變，以能形成「情之幽微」爲佳。

第一、就六種不同視角的運用而言，以黃智群〈同學會〉中「衣服」的觀點，最特殊，最能言人之罕言，見人所未見，一新耳目。其次，以郭東惠〈同學會〉中「小吳」的觀點，較突出。蓋第三人稱「小吳」觀點，是自「死者」（非「生者」）角度，展開超常、玄祕的靈異視野。至於吳爸、吳媽、朋友、女友的觀點，則未兼及敘述視角的「意外」。

第二、就各種不同情節設計的安排而言，貴於能轉折變化，再生波瀾。由此觀之，張錦池〈同學會〉中「吳媽」觀點，結尾道出小吳「養子」秘密；黃冠翔〈同學會〉中「朋友」觀點，結尾道出「小吳」和「吳媽媽」相敬如冰（兩年沒有講過一句話）的秘密；黃瑗瑗〈同學會〉中「朋友」觀點，結尾道出自己是「間接兇手」（所謂「吾不殺伯仁，伯仁爲我而死」）的秘密；秋實〈同學會〉中「女友」觀點，結尾道出小吳「故意尋死」（非「車禍意外」）的秘密；兼及眞相告白的意外，較爲勝出。

第三、就主題內涵的整體呈現而言，貴於情之幽微，耐人尋味。由此觀之，屬於高表現者，當推黃冠翔〈同學會〉、黃智群〈同學會〉，充滿情意的溫熱蘊藉，餘音不絕。其餘則為中表現，雖為合格之作，未臻婉曲豐美之境。

教學省思

所謂「教學相長」，攸關改寫題型、引導語、改寫的創造力、親子議題，值得再加深思。

(一)改寫題型

「改寫」最容易讓莘莘學子想到「變造」、「倒置」、「改變」，而忘了在「變造」、「倒置」、「改變」之餘，順勢開展，自然衍生，「增加」情節，「增加」細節，深化新情境、新說法，形成新解讀，拈出新意涵。

由此觀之，低表現實作往往只知「改變」，不知「增寫」空隙；中表現者能「改變」、能「增寫」，可惜未能豐美結合；而高表現者，則能「改得好」、「增得妙」，臻於藝境。

(二)引導語

大凡「引導乎上，則得乎中，引導乎中，則得乎下。」由於本題語是莘莘學子的踏板，宜指出多種向度，導出多元訊息。

以本題為例，僅謂：「可以有當事者、朋友、女友、家人不同的敘述觀點。」尚不夠周延，可以再加補述。亦即在

「家人」後，宜再加「特殊超常」四字。讓別有會心的莘莘學子，能別具隻眼，採取「特殊超常」觀點，發揮創思，展開高度想像。

㈢改寫的創造力

改寫的創造力有三：

1.各照衢道的變通力，靈活通暢。

2.點鐵成金的精進力，協調細緻。

3.別具慧眼的獨創力，新穎深刻。

由此觀之，力求脫胎換骨，鍛鐵成鋼，表現「精進力」、「獨創力」者，一定能在「視角改變」中，能目光如炬，能「知其然」，更「知其所以然」；能由「what」的層次，提升至「why」的敘述；才能脫穎而出，在「新瓶裝舊酒」中，倒出另一種口感，散發另一種芬芳。

㈣親子議題

如果說「心是人生最大的戰場」，那麼「家是人倫最糾葛的戰區」。尤其所有不幸的家庭，永遠有千百樣的不幸，永遠有「背叛、辜負、疏離、互毀」的輓歌，到處上演。

以「小吳」家庭爲例，以「死亡」爲炸彈引爆，才窺見所有變奏的親情，都是千瘡百孔，都缺乏親情的積極熱度，缺乏「自省智能」(「更好地認識自己和處理個人問題」)，缺乏調整自己生活能力。結果，相互牽絆，彼此陷溺，一生被變調的家庭綁架，被無法拒絕的親情囚禁，在靜靜的絕望中，在消極的自艾中走上陰鬱慘綠的不歸路。

由此觀之，似此「報應式」（情感事件中的報恩、報復）的極短篇，實爲極佳的討論議題，屬於「非智力因素」的養成，屬於「情意」的涵泳、薰習，則由「作文」的能力，邁向「作人」的素養，邁向「主體心靈」的形塑。

極短篇改寫(二)

一、前言

文體改寫是改寫題型中較難的一種。考驗莘莘學子「神而明之」的乾坤大挪移，更試驗莘莘學子「文體特徵」的功力練到什麼境界。

以改寫成極短篇爲例，務必掌握「極短篇」的文體是「小說」。「小說」的三要素爲「人物」、「情節」、「場景」。而極短篇寫作的精髓，即在於選擇人物視角，掌握關鍵情節，經營場景中的意象；形成篇幅極短、內蘊極深的書寫，展現「經濟」、「空白」的語言藝術。

將底下新聞報導，改寫成極短篇。題目自擬，可以運用不同視角，合理想像，靈活造境，簡潔書寫。文長三百字以上。

【本報訊】

農曆七月，中元普渡，民間流傳水鬼「抓交替」的習俗。碧潭派出所陳警官呼籲青年男女泛舟，務必小心，以免發生意外。尤其在崖壁長滿山櫻、梔子花的水域附近，下有急流漩渦，最容易出事。就陳警官記憶所及，幾年前有年輕女子，叫素娥、彩櫻櫻的，先後從橋上跳下去，就在這塊水域溺斃。聽說都是和男朋友吵架，感情糾紛，一時想不開。

實作

1. 沉

素娥姐走了，「總算換到我了。」她默默懷想。

緩緩整理自己的儀容，激激水珮盈耳，飄飄風裳入目。白日喧囂已遠，岸邊深淺交錯的足痕映著冷冷月光，岩石露出空茫的眼神；河上吊橋靜靜仰躺，橋上的燈在縹緲升起的霧裡愈來愈蒼白。凝視漲肥的水面，靜靜等待。遠方一隻白鳥倏忽掠空而過，投入岩壁樹叢暗影裡。

收回視線，水中一片玫瑰花瓣湧入眸中。「可憐哪。落花——猶似墜河人——」素娥姐臨走前，天陰雨濕，望著吊橋上縱身而下的身影，幽幽丟下這麼一句。不是嗎？是誰說「女人是水做的」，結果竟擁抱一片冰冷的水域。她，輕輕喟嘆。十三畫的「愛」爲何常引來黑色的結局？而水底這無邊的廣寒，眞是不可久居。她靜靜注視河上的月光。月光中的浮沫。浮沫旁的塑膠袋。

欸乃一聲，一葉扁舟划進她的水區。機會來了！她悄悄接近。素娥姐道：「很簡單，妳只要冷冷盯視其中一人，對方驚慌，重心不穩，必落水。尤其，當兩人要換位置時！」「萬一對方沒驚嚇——」她反問。「不會啦！一向如此，才有缺額可以不斷遞補。」浮在水裡，素娥姐一再強調：「機會稍縱即逝，要好好把握！」白茫茫霧裡，她慢慢升起。

小舟的木槳收擱兩側，隨波輕搖。舟中男女依偎，女子闔上眼，頭枕靠男的肩窩。她，冷眼旁觀。

小舟緩緩飄浮。啾啾蟲鳴自岸上草叢傳來。男的俯臉，親吻女子額、眉睫、鼻尖，而後停在柔軟的唇上。她凌波佇立，耐心等候。等其中一人睜眼，乍睹她慘白灰臉。變生不測……。

沉浸在甜蜜的天地裡，女子輕聲細訴：

「以潔白身子，穿潔白結婚禮服，是我的心願。」

手撫女子烏溜秀髮，男子仍閉著眼。

「這樣，很好。」

「結婚時，我們才——」女子兩頰飛紅。

「也該這樣。不然，結不結婚，就沒什差別。」男子將女子緊緊擁摟。

瞅視雙方臉上欲醉神情，她回想自己的故事。「既然相愛，何不同居？」月光下，他灼熱的眼睛盯得自己低下頭。而後，兩人同居而離心。而後，她投水……。望著舟中男女此時無聲勝有聲，她幽幽嘆口氣。緩緩，沉入水裡。（張春榮）

2. 等待

她叫素娥，素質的飛蛾。就因爲愛上一個不回家的人，飛蛾撲火，成爲灰燼，擁抱這一片冰冷的水域，無法脫身。

眞是「身非薄命不爲花」，一場轟轟烈烈的熱戀，落得「花自飄零水自流」，枉費落花，情有獨鍾，流水有口無心。想想他的臉皮，比犀牛皮還厚，說什麼他是「不三主義」的愛情信徒：「不主動」！「不拒絕」！「不負責」！想來眞覺作嘔，嘔到現在只剩一肚子酸水。她實在無法接受「女生比男生多修五百年」的說法。多修五百年的男生，爲什麼只會「畫老虎」、「畫蘭花」，等到追到手了，便如眼前飄過的保麗龍，立即拋棄？

在這片荒寒的深水裡，凝視山櫻的一抹艷影，聞著梔子花的淡淡清香，她深覺「多情多風波」，「情之一字，不外乎悲」，爲情跳河的結局，無非「獻盡愛，竟是哀，風中化作唏噓句」，自己陷在這水牢裡，坐愁江顏老，她眞的覺得當初縱身一跳，太傻了。沒有解決問題，只有製造「投胎轉世」的難題。她只能等待「噗通」一聲，另一個想不開的怨女來換手，才能繼續演出下一場。想起當初跳水前，對他咬牙切齒說道：「我死之後，必爲厲鬼⋯⋯」她露出悽慘的笑容。一定要照這個劇本演下去嗎？她有些遲疑。此時，橋上傳來驚呼：「有人跳水啦！——」（秋實）

3. 落花

素娥離開了，「接下來該輪到她了吧！」我心想。

逐漸整理自己悲傷的情緒，聽著河水潺潺流過腳下，多少人就這樣來了又走，一刻都不多做停留，只有河上吊橋依然靜靜地躺著，曲著身子跨越河流、連接兩岸，數十載如一日，只是橋上白色的漆卻一年一年剝落，那蒼老的模樣著實令人同情。身爲一朵落花，我也曾經歷過生與死的交界，秋天凋落了，春天又再生，這就是我的宿命。

素娥曾對我說：「可憐哪，落花猶似墜河人。」可不是嘛，但墜河人只需找到替死鬼就可以離開，而我，年年死亡年年生，在這裡我不知已看過多少愛恨情仇、生離死別，爲何還逃不出這枷鎖呢？素娥找到代替者而離去，現在換彩櫻了，她靜靜守著平靜的水面，等待獵物出現。她們曾經都是熱戀中的人兒，只因爲一時不小心，墜入河中，才會有今日的下場，情侶們的濃情爲何常引來黑色的結局？

忽然，一葉扁舟划進她的水區。機會來了！她悄悄接近。素娥曾說過：「只要冷冷盯視其中一個人，對方驚慌，重心不穩，必定落水。尤其，當兩個人要換位置時！」「機會稍縱即逝，要好好把握！」她謹記著，並伺機而動。

河中男女將船槳收起，任憑隨波逐流。而女子輕閉雙眼依偎在男子的胸膛，男子則低頭親吻女子。一陣金風吹拂而過，河岸邊落花紛紛，「那是我的同伴啊！」我驚呼，這才意識到秋天的腳步已經到來。她暗自竊喜，心想舟中人必像落花一般殞落。她耐心等候，等待其中一人睜開雙眼，乍睹她慘白的臉，必將……。

怎知那男女仍沉浸在甜蜜的天地裡，看見他們恩愛的模樣，使她想起自己的故事，「既然相愛，何不同居？」而後，兩人同居卻離心。然後，她投水自盡。

望著眼前的這一對男女，她竟莫名感動，她嘆了口氣，喃喃自語：「算了，就讓素娥當最後一個幸運兒吧，讓我永遠在這邊守護每一對眞心相愛的情侶，也讓我守護那來不及實現的夢。」語畢，她竟消失不見了。

「原來，看破一切也是一種解脫呀！」我獨自呢喃著。但身爲落花的我呢？何時才能擺脫這無止盡的輪迴？我也想到別的地方去看看。突然一陣風吹來，我好像被吹離樹枝了，我正往下墜，再見了吊橋，明年再見。（黃冠翔）

4. 河水

素娥走了，現在換彩櫻，「接下來是誰呢？」他默默想著。

河水咕嚕嚕的流著，始終沒有歇息過，河畔的柳樹、木棉果莢蹦出的棉絮、河流上的一彎吊橋，和著河水流動的美好旋律，在蔚藍天空下飄蕩搖擺著，彷彿一幅畫般的美好。親子在這兒堆城堡，夫妻在這兒散步，同學在這兒烤肉，同事在這兒戲水，情侶在這兒划船，河流每天都覺得好開心。

直到有一天，河裡突然沉入了一個叫作素娥的人，接著又多了個彩櫻，河畔的柳樹從此變得淒涼，木棉果莢蹦出的棉絮變得雜亂，河流上的一彎吊橋變得幽淒，河水變得深邃。親子、夫妻、同學、同事、情侶的身影很久不見，一切都走了樣。

「這對情侶看起來眞甜蜜，可惜呀可惜！他們很快就會因爲彩櫻而別離了！」眼看素娥與彩櫻一個個找到替補，準備去報到，河水很感慨。她們也許能因此求得眞正的解脫，獲得重生的機會，但是自己被冠上的罪名卻因此愈來愈臭，身上所背負的靈魂愈來愈多。

「這條河很深，水流很湍急，水溫很冰冷，水中隨時會出現漩渦把人捲入，水底還有水草會把人的腳絆住，風水很不好，不要靠近那裡！」一個爸爸這樣告訴他的孩子。在這之前，河水已經聽過不知幾次這樣的話了。

被責怪無情的河水望一望身邊的「水深危險」警告牌，長長地嘆了一口氣。他哼著這樣的旋律「誰來給自己一個重生的機會？」。（謝孟恬）

分析與評量

四篇改寫實作，可依「視角」、「情節」、「場景」、「主題」加以評量。

(一)視角

第一篇〈沉〉採「她」（若依順序，應是「彩櫻」）、第二篇〈等待〉自「素娥」觀點，均自「水鬼」視角加以抒懷寫感；第三篇〈落花〉採旁觀者「落花」、第四篇〈河水〉採旁觀者「河水」觀點加以報導敘述。四篇分別形成敘述視點的超常、特殊。

㈡情節

第一篇〈沉〉，始於回憶示現，終於今（眼前男女）昔（自己與負心漢）的對比，觸景傷情，形成轉折，打消「抓交替」的念頭。第二篇〈等待〉，亦藉由回憶示現，交代男友薄倖，終於「有人跳水」，並未說明素娥成功「抓交替」，確實輪迴轉世。就情節設計而言，第一篇較第二篇爲優，結尾峰迴路轉，多了「放棄」的意外；第二篇則只在「情境」上加以推衍鋪陳，未能再加開展。

至於第三篇「落花」，始於落花獨白，加入彩櫻最後放棄「抓交替」的旁觀敘述，終於自身的領悟。第四篇「河水」，始於素娥、彩櫻成功「抓交替」，終於自己背負「水深危險」的罪名。兩篇相較，同屬擬人的超常視角，第三篇較第四篇爲優。「落花」在轉折中，有所領悟，「河水」則陷在大惑不解的五里霧中，不知如何是好。

㈢場景

在場景描繪、氛圍的塑造，第一篇〈沉〉第二段：「白日喧囂已遠，岸邊深淺交錯的足痕映著冷冷月光，岩石露出空茫的眼神；河上吊橋靜靜仰躺，橋上的燈在縹緲升起的霧裡愈來愈蒼白。凝視漲肥的水面靜靜等待。遠方一隻白鳥倏忽掠空而過，投入岩壁樹叢暗影裡。」可說用力最勤，較能逼出孤寂森冷的陰陽界。第二篇〈等待〉、第三篇〈落花〉、第四篇〈河水〉均採第一人稱敘述，注重內心獨白，未能發揮場景映襯、象徵的功能。

(四)主題

四篇主題向度，各有不同。第一篇〈沉〉是「情近癡而始眞」的負面教材；從放棄「抓交替」中映射「對一個人失望，就對愛情絕望」的杯弓蛇影心理。第二篇〈等待〉，批判男性無擔當、愛情是水牢，自己是否要再陷入輪迴、流轉的復仇機制，有所質疑。第三篇〈落花〉，人花雙寫，有見於輪迴的宿命，深覺看破才是出路，才能解開連環套。第四篇〈河水〉則是對自己背黑鍋的不平之鳴。

在情的深度上，以第一篇〈沉〉最爲淒苦幽獨；在理的高度上，第三篇〈落花〉較爲勝出，別有領略。

教學省思

就此次實作練習，可說者有四：

(一)改寫層次

改寫層次，始於「改得對」，繼而「改得好」，終於「改得妙」；由最基本的「改得正確」，再提升至「改得合理」，最後臻於「改得高妙」三個層次。因此，本次攸關碧潭「抓交替」傳聞的改寫，重點絕非在「求怪異」、「求驚悚」，而是藉由陰陽界的題材，換個角度重新思考，深入探索，得以「求深刻」、「求新穎」（相對「獨創力」），重回「有理而妙」、「有味而深」的人文內涵。

㈡引導語

引導語「題目自擬，可以運用不同視角」，可再加補述：「題目自擬，可以透過場景中的相關角色，運用不同視角」。藉由「可以透過場景中的相關角色」，提醒莘莘學子可以在「陳警官」、「素娥」、「彩櫻」、「梔子花」的視角外，擴及至天空中「月亮」、「星星」，岸邊「魚鳥」、「船家」、「目擊者」的不同視角。讓書寫更爲靈活、更爲豐富、更爲多樣。

㈢寫作技巧

「改寫」是一種改變，一種不同原作的「想法」；而要能改寫成功，就須介入技巧，有「方法」加以具體實現。

就陰陽界題材而言，最需要「示現」寫作技巧，展開龐大鮮活的想像力。其中包括：

1. 追求的示現：回憶
2. 預言的示現：逆睹
3. 懸想的示現：幻設

於是在不同時空的出入中，虛擬實境，大膽敘述，小心描繪。讓情節得以離奇開展，讓細節得以暈染氛圍。換言之，極短篇中的示現，必須結合「情節」、「細節」，才能在「歷時性」、「共時性」中推衍變化，呈現書寫作的功力。

今就四篇實作觀之，大抵莘莘學子最擅長「追述的示現」。蓋回憶寫境，有中生有，較容易上手。反觀「懸想的示現」、「預言的示現」，假想造境，無中生有，要能點線成形，在在考驗驚異奇想，大膽「說事功」的功力。

㈣愛情議題

愛情如果是一朵花，面對失戀、分手不應是「落花委地泣無聲」的孤絕與任性，而應為「自是花落春猶在」的寬朗與韌性；不應採取「落花猶似墜樓人」的負氣與自殘，而應反思「化作春泥更護花」的歷練與成長。

所謂「一入情關，便不足觀」，便是指此類愛情囚犯，甚而將自己囚在水域，心心念念，流轉於「我死之後，必為厲鬼……」、「我本將心託明月，奈何明月照溝渠」，不得解套。質實而言，擁抱愛情的方式有三：

1. 有情
2. 無情
3. 無執情

當「有情」遇上「無情」，要能「絕處逢生」，慢慢學會「人際智能」（觀察他人的情緒、性格、動機、意向的能力）；慢慢懂得「強摘的水果不甜，強求的緣分不會久遠」，進而體會「無執情」的深諦（走向「無情執」的清明），尋找生命的出口。這才是眞正的解決問題，而非走上「不歸路」的製造問題。

極短篇賞析(一)

一、理念設計

(一)認知

1. 能確切了解極短篇文體特徵，能洞悉作品主題內涵，深入詮釋。（知識）
2. 能掌握好的極短篇的評判標準，剖析作品精彩所在，目光如炬。（理解）

(二)技能

1. 能提升理解層次，由粗略描述，至詳加詮釋。由作品的「表層意涵」，邁向「深層意涵」。（應用）
2. 能運用術語，清晰表達個人所見。由作品的「言內之意」，進而至「言外之意」。（分析）

(三)情意

1. 知人論世，能相對客觀，了解作者書寫的動機與企圖。（接受）
2. 以意逆志，能按圖索驥，了解作品中人物的感情世界、生命境界。（反應）

二、教學實施

㈠注意題目和作品的關係

題目是極短篇的眼睛，作品的靈魂之窗。好的極短篇，須兩者相得益彰。

㈡注意情節設計的變化

極短篇高手，安排情節，無不超常變化，特顯精彩。而其中超常變化，因果相涉，大抵「有理而妙」，合乎情理之中，超乎想像之外，於此須多加著墨。

㈢注意作品的言外之意

極短篇是冰山一角，自有隱而未顯的海底世界，自有豐美的多義內蘊，好的賞析，應能因其所言，會其所未言。

試賞析王鼎鈞極短篇〈最高之處〉，並指出全篇寓意所在。文長限兩百字以內。

大師挾著琴往山上走，眾弟子尾隨，沿著山徑迤邐展開。有幾個弟子坐在山麓上議論老師究竟要做什麼，他們說，進山出山只有這一條路，最聰明的辦法是坐在這裡等他回來。

大師登上一座山頭，再登上一座更高的山頭，每一座山頭都有幾個弟子留下，有人覺得體力不能支持，有人對孤高的處境感到恐懼。最後，大師轉身四顧，只剩下他獨自一人。

他對四面若有若無的世界看了一眼，盤腿坐下，古琴橫放在膝上，調了絃。片刻間，偉大的樂章在心中形成，緊接著，在指下絃上流露出來。山風浩浩，樂聲剛剛離絃還沒有進入耳朵，在半路就被山風包裹、飛快的運走，向著萬有抖出去，山上的人誰也沒聽見，他自己也聽不見。那是一次無聲的演奏。

可是風聽見了，流泉聽見了，岩石的每一個微粒、星的每一條光芒、雲層的每一個水珠都聽見了。還有森林的每一條紋理、野蠶的每一根絲、山禽的每一根聲帶都保存了天籟，將來的音樂家再從大自然無盡的蘊藏裡支領使用。

據說，沒有人看見大師下山。

實作

1.

每個人心中的最高之處又都是在哪裡呢？其實是需要大家自己去尋找，而那裡會不會如同作者所說所寫的？都要看個人的造化了。不過我喜歡他的論調，因爲在最高處，所以琴音已經被風帶走了，連大師自己都已經聽不見，詭異的一次無聲演奏。到底這又是代表什麼意思呢？而且結尾停在「沒有人看見大師下山」，是說大師已經到達了自己生命的最高處，所以羽化成仙嗎？而他在死之前所表演的那一段無聲演奏，只能保存在大自然中，供人懷想。而眞的可以到達那大師自己的最高處的，唯有自己而已，身邊有再多的人都還是會一步一步離開。不是說那些沒辦法跟隨大師到最高處的都比較低劣，只是內涵有深淺之分罷了。不過到底最高之處會有什麼樣的風景呢？到了那裡會有什麼心情？有什麼感觸？只有大師自己才知道吧。可能也是這篇文章要給我們的省思吧，努力達成自己心目中最高處，到那一天來臨之前，大家都要努力不懈，爲了目睹最高處的風景，就算只有一眼也好……（許毓安）

對大師而言，最高之處是在哪裡呢？或許是在超脫一切後的釋然，或許是在擁有慈悲寬容的心。文章一開頭，即指出大師往山上走，登上一座又一座的山嶺，最後在只剩他一人的山頭進行一場無聲的演奏，大自然聽見世人所聽不見的音樂，接收大師奉獻自己生命的最後樂章，大師將自己回歸於自然，他知道在未來會有人延續他的精神。在「風聽見了，……」這段，一連運用許多排比加強大師音樂的張力，也提升情感的渲染力。整篇文章文字有很高的精鍊度。但文末說「沒有人看見大師下山」一句卻顯得有點交代不清，我心中的疑問是難道到達最高之處也就是生命的終點嗎？（蔡思佳）

2.

首先，關於題目〈最高之處〉在本篇所指有二：一是具體的，也就是山的最高之處；一是抽象的，指的是一種心靈的至高點，物我合一的境界。作者藉山的高度和弟子的態度，來描寫心境的層次及不同的人對於在精神上的追求所產生的不同態度。這樣的極短篇，富含哲理。

有趣的是，大師登山不是爲了望遠，而是爲了彈奏。在這裡，我將前者解釋爲得道，而後者則是相對的給予。大師所代表的，即是精神上已達崇高之處，他的彈奏與萬物融合一體，並由此開展出宇宙間的和諧循環。而文末的「據說，沒有人看見大師下山。」恰巧對於「有幾個弟子坐在山麓上議論老師究竟要做什麼，他們說，進山出山只有這一條路，最聰明的辦法是坐在這裡等他回來。」做了一個大大的諷刺，也表現出在心靈的追求上，是沒有投機取巧的。（江文馨）

分析與評量

賞析文章，首當抓重點，確立主旨所在；次則見細微，注意銜接照應。如此一來，可以由「讀後感」的感性，進入相對客觀的知性；由「言人之所常言」、「見人之所常見」，提升至「言人之所罕言」、「見人之所罕見」；由泛泛「描述」，邁向深入「詮釋」；由「常識」出發，結合「知識」，展現燭幽顯微的「見識」，應是賞析的進境，評量的判準所在。

就此三篇實作而言，第一篇設問推敲，懸而未決，流於蜻蜓點水，未能凝視波心深景，對「最高之處」的芳境，無法再加衍生開展，屬於中表現之作。反觀第二篇，則精簡明快，剖述全主題內涵，極爲清晰扼要。唯認爲結尾「據說，沒有人看見大師下山」是「有點交代不清」，則有待商榷。蓋似此「只在此山中，雲深不知處」的寫法，正是有意「留白」，故意「由實入虛」，反而是優點。

至於第三篇，則比第二篇更加老練。能歸納「最高之處」的題旨有二，同時比較「大師」與「弟子」的差別所在，進而指出藝境的高峰，正是一步一腳印，精進用力，自證自知。則爲高表現之作。

教學省思

㈠賞析題型

1. 文章賞析題型，側重鑑賞分析，旨在測試莘莘學子的理解能力，得以見微知著，文心相映。因此，所選賞析文章，當求擲地金石的佳作，讓莘莘學子多加玩味揣摩，有益鑑賞。
2. 大凡有明顯瑕疵之作，沙石拌飯，味同嚼蠟，不宜選入賞析。於此，出題教師務必凝慮愼擇，細加篩選。否則造成誤導、爭議，將有違「信度」、「效度」的公允原則。

㈡賞析書寫

1. 賞析書寫，大多採「總、分、總」的三分法。先總括概說，再分點敘述，最後總結收尾，形成嚴謹的敘述。

2. 賞析「主題」、「寓意」，無不立足於小說三要素（人物、情節、場景）。經由「人物心理的探索」、「情節設計的變化」、「場景氛圍的塑造」切入，客觀剖述，具體呈現，最易捕捉全篇主題內涵，寓意所在。似此賞析練習，實爲「文學批評」的暖身運動。
3. 至於賞析「語言風格」，建立在「語彙」、「語音」、「語法」的綜合運用上，兼及「音義性」、「音樂性」的相關互動，考察整體效果，相當不易。因此，一般多自「人物描寫」、「情節敘述」、「場景營造」上分別測試，而莘莘學子也較能把握。

㈢賞析教學

1. 「文章賞析」和「續寫」、「仿寫」、「改寫」的性質不同。前者訴諸理解力，後者訴諸創造力，因此訓練方式，宜有所差異。
2. 賞析教學，最具體、有效的方法，爲「相互比較」。經由名家同一題材，不同寫法；同一情節，不同結局；同一人物，不同抉擇；同一意象，不同寓意；均可讓莘莘學子具體「體會」、「理解」其中異同，強化欣賞的品味。其次，藉由實作等第的評比，藉由「低表現」、「中表現」、「高表現」的辨識，更能觀摩相善，有樣學樣，提升賞析的理解力與表達力。

極短篇賞析(二)

一、前言

欣賞極短篇，可以自人物視角、情節設計、意象經營，掌握作品的表層意涵和深層意涵。而極短篇賞析的測試，正用以檢視莘莘學子的理解力和表達力。理解貴於能描述、詮釋、移情、洞察，表達貴於正確、活潑、細緻、深刻。

請自情節設計、意象經營，欣賞分析張春榮極短篇〈光頭〉，文長限三百字以內。

「我去接孩子來。」先生站了起來。

默讀先生倦怠的臉，想到自己就這般在胃癌的鬼魅陰影裡，她幽幽嘆道：「萬一，我去了。兩個孩子——」

「不要亂想。」先生立即切斷她的話。

「再下去，我會把你拖垮——」

「不會啦！林醫師說情況已經好轉。」先生輕撫她肩膀，臉上擠出一絲笑意。

「心情放輕鬆。先睡一會。」先生將棉被拉上。

唉。睡得著嗎？暗淡的室內，只有暗淡的未來。春天的陽光只點燃窗外燦爛的花徑，卻無法妝點自己蒼白的容顏。呵。昔日花光如頰、眉峰如黛、秀髮如雲的女子到哪裡去了？淚影裡，新婚之夜的情景無聲湧來。

髮結輕解，她黑柔的秀髮瀉成不盡的波濤。緊貼面頰，先生的手在波濤起伏間游移。枕著溫熱的夢，先生低語：「讓我在妳的髮間尋找妳的心思。讓我用最細最細的噓息，吹開妳的睫毛，沉入妳清明的光彩。」暖洋洋的熱浪吹來，她溶化在先生的臂彎裡。

咈。擁著被，坐靠床頭。瞥視鏡中的自己，針刺的心痛再度泛上來。爲了癌，先生臉上的陽光歇弱了，兩個孩子的笑聲也變小了。爲了治療，自己的容顏逐漸枯萎，珍愛的毛髮全部脱落。那日，獨對鏡中眉目不清的臉，驚視掉光青絲的禿頭，她忍不住放聲悲泣。

先生安慰道：「頭髮會再長。」

「萬一不再長？」

「這——」先生眉心一皺。

「你看我以後怎麼和你一起出去？人家搞不好説我是你媽媽。」她不勝怨嘆。

「不會啦！沒那麼嚴重。」

「你怎麼知道別人不會在背後指指點點？」

「我不在乎就好了。」先生毫不猶疑道。

可是自己能不在乎？早知放射線治療會有這樣的副作用，當初乾脆不醫算了。與其活在先生悲憫的眼神，不如活在他美好的記憶裡，是不？她越想越沮喪。難道人間美滿的結合非遭波折不可？難道美麗也是一種錯誤？而現在，自己竟成家中的累贅。

「媽！」「媽！——」

老大，老二的呼叫打斷她的思維。二個小光頭闖入她視線。

「誰叫你們理光頭？」她睜大眼。

「爸爸啊！爸說這樣比較涼快。」老大摸著光頭嬉笑。老二側著頭，直瞧門口。

回過頭，她愕然驚視先生的黑髮也剃掉了。露出突隆青澀的光頭，在捻亮的燈光裡。

「你——」

「沒什麼。這樣好整理。」先生若無其事。

望著先生可笑的光頭。她突然鼻頭一陣酸。「你又何苦」四個字再也說不下去，眼淚便嗚咽奪眶而出。

寫作

就情節安排上，〈光頭〉一文的布局，大致上是以「順敘法」配合「插敘法」寫成。前半先記錄病房中與先生的談話，再敘述自己無以成眠的心境，並以「淚影裡」二句作爲情境轉折的橋梁，使下段自然的過渡至新婚之夜的懷想，以上主要寫「今」(現在的情景)。中間以少許篇幅，回顧有著濃密秀髮的新婚期，與現今青絲不再的化療期，形成強烈對比，以上爲「昔」(過去的情景)。最後再跳回現實（今），敘述自己因病所致之消極念頭，更運用對話，帶出先生無私而溫暖的安慰話語，爲全文的主要情意，作了最好的鋪墊。接著，由兩個孩子和先生都剃了光頭前來，揭開情節的意外之處，這不僅震撼了母親的內心，更流露出家人間無可動搖的凝聚力。

至於在意象經營上，由於文中之敘述者鎖定於罹癌母親，開頭便交代了她胃癌纏身的情況，不論是與先生對話或是心中的獨語，在在顯見其悲痛，而此番心境又集中表現在「髮絲」上。患病前，是秀髮如雲、花光如頰，患病後，卻落得毛髮脫落、蒼白憔悴，全篇的張力，亦在這今昔對比中盪開。自古以來，髮絲之意象即象徵著情思，失去它，猶如失去情感之基石、互動之媒介，漸而成爲罣礙與焦慮的淵藪。但是，先生除了言語上的寬慰，更帶著孩子理了光頭，將內在的支持化爲具體行動，並以「涼快」、「好整理」自我解嘲，不加給孩子和對方額外的心理負擔，而從太太的三次哭泣中，亦可見其情緒已由沮喪、絕望轉變成心疼與感激。在這篇作品裡，由病中家人的照護與支持，凸出了「毛髮可落，親情不滅」的暖意，家族全員的齊心與鼓舞，必能轉換成與病魔奮戰的強大力量。（陳佳君）

分析與省思

(一)分析

賞析是「奇文共欣賞，疑義相與析」的知性書寫，由「不求正解」、「不求甚解」的霧裡看花，至「但求正」、

「更求甚解」的探驪得珠，知音相惜。由此觀之，賞析是由「誤讀」至「悟讀」的深度探索，更是按圖索驥，以意逆志的「悅讀」之旅。大凡好的賞析，不僅「知其然」，同時「知其所以然」。面對極短篇的「情境悲喜劇」，能由「描述」層，提升至「詮釋」層次，看出技巧運用的竅門所在。

就本篇而言，首先指出全篇以時間爲脈絡，形成「今」（順敘）、「昔」（插敘）、「今」（順敘）的敘述結構，並藉由對比反差，兜出同爲光頭（妻子是不得已、先生和小孩是自願）的意外。其次，指出「髮絲」意象，暗指「情思」，先生和小孩理去頭髮，正是「頭髮可落，親情不滅」的反襯。似此賞析，理路清晰，提升至「詮釋」層次，值得觀摩。

㈡省思

1. 情節設計

極短篇的書寫模式，大都注重時空的濃縮。因此，往往從接近結局的地方寫起，藉由現實（今）、回憶（昔）的交錯相綰，增強補述，合理開展。因此，剖析情節，宜指出其「有理而妙」的因果關係，才能見其精微。

以本篇爲例，「有理」之處，在於一家人的情感邏輯，「而妙」之處，在於化「幽怨」爲「幽默」的體貼、懂事。因爲懂事，所以有「超常」貼心的表現。換言之，如果換成是「全班同學」、「同棟大樓所有鄰居」，完全沒有「一家人」的感情基礎，要大家爲了一個同學或一個鄰居因化療禿頭，紛紛去剔頭髮，以示情誼，則不合乎常情，「無理而不妙」。是故，剖析情節宜特別注意個案的特殊性，有其「不得不」、「情非得已」的必要條件。

2. 意象經營

極短篇中意象的運用有：情與境偕，形成象徵，自成調和統一之美；二、情與境不偕，形成反諷，自成對比衝突功能。兩者往往並行不悖，藉象徵以見其深層意涵；藉反諷以見其批判揭示。

以本篇爲例，「髮絲」可以是「情絲」，也可以是「煩惱絲」；可以是「結髮爲夫妻，恩愛兩不疑」的傳統觀點，也可以是「光頭爲夫妻，恩愛兩不疑」的現代特殊情境。同樣，「髮」與「法」同音雙關，剃髮之舉，剃掉煩惱絲，童山濯濯，隱隱約約與修行接軌，凡此，即意象的多義性，值得前後爬梳，扶幽發微。當然，不顧全篇情境，指說「光頭」就是「太陽底下打傘——無法（髮）無天」，具有反諷效果，則是斷章取義，扞格不通。

教學篇

極短篇寫作入門

極短篇是千字篇幅的競寫，激化水平思考的新興次文類，更是創意火花的訓練營，自我挑戰的撞擊場。自超常狀況中跳出尋求一個答案的垂直聚斂性思維，挖掘多種解決的可能；不受兩極化的「是非」、「對錯」所侷限，不陷入固定反應的機械模式，往往不按章法，屢出奇招，打破困境，自「意之不測」的角度提出解頤妙答；自「情之幽微」，彰顯悲喜交集的「苦澀甜蜜」；自「理之深刻」，直指生命智慧的透視，展現高度的悟性。

論及極短篇字數限制，一般以六百字到一千五百字爲主，三千字以上則接近短篇小說，但並無絕對嚴格的規定。於是，相較於「極短篇」，則又出現「最短篇」，限制在兩百字以內。

一、寫作原則

極短篇的寫作原則，大抵有三：

㈠出人意外

即「統一中有變化」。要求事件「特殊」，情節「超常」，變化「不可預期」；打破慣性思維，一掃制式反應，製造大懸疑，充滿大驚奇，注重「無理而妙」，見證因果關係的「複雜性」、「多樣性」①。

㈡入人意中

即「變化中有統一」。要求事件「可信」，情理「正常」，變化「合乎邏輯」；拒絕無厘頭的搞笑，揚棄耍嘴皮的戲弄，注重「有理而妙」，講究因果關係的「必然性」、「普遍性」。

㈢言外之意

即「多義的空白」。要求事件由「特殊」，提升至「普遍」的象徵；情節由「單一」，提升至情境「單一豐美」的婉曲；主旨由「意之不測」，提升至「情之幽微」、「理之深刻」的深層揭示，注重「有味而妙」。

事實上，一篇好的極短篇，應該由「出人意外」出發，走向「入人意中」；進而登堂入室，邁向「言外之意」的豐美內蘊，發揮「極精彩」的藝術性，直指「極精約」、「極精緻」的文化性。換言之，一篇好的極短篇，始於「語言文字的探索」，次於「表達方式的探索」，終於「生命境界的探索」；始於「有趣」的喜悅，終於「有味」的智慧；能夠由表層的「偶然」意外，進入深層的「必然」的情理；珠圓玉潤，奕奕揚輝，直向「生命的出口」，直指「生命中的極地綠光」，展現創造性的豐沛能量。

二、寫作題材

以同一題材爲例，由「平中見奇，奇中見平」的構思中，不斷創新，一再顛覆，力求故事的生動與寓意的深刻，成爲極短篇創作「以少總多，由小見大」難題之所在似此比較對照，並爲啓迪創作的最佳觀摩，最能轉益多師，激發相善，挑戰「同一題材，不同書寫」，進而能「舊題材，新思維」，強化再造性與原創性的構思。

以頭髮爲題材，有老夫少妻間的白髮風波。如喻麗清〈白髮〉，寫少妻（曉芸）體諒先生，把頭髮染白。結尾：

心裡充塞著某種強烈的情緒，分不清是對命運作弄的憤怒，還是對曉芸純情的感激。他覺得說不出的淒楚。因爲，對於他自己的白髮，他突然感到無比的羞慚。

擁吻著曉芸滿頭漂白了的頭髮，他輕輕的說：

「芸啊，妳不必……陪我老……」

現在他才知道：世上有些東西並不是買不起，而是買到手後痛苦才剛剛開始。

首先，在夫妻情深之外，點出用金錢買到的愛情，是一種更深的痛苦。一旦「有」，便也有「囿」的承擔。其次，攸關夫妻間因病掉髮事件，亦爲極佳觸媒。如張德寧〈沙漠綠洲〉（《張德寧極短篇》），寫先生（庚福）患不治之症，只好剃光頭髮（由哥哥剃）。妻（上官）爲他織毛線帽戴上。最後，他發覺妻也戴上毛線帽，逼妻摘下：

上官捂嘴笑起來，「怪不好意思的，你知道就行了，千萬別給別人說，要不我就沒臉了。」

她猛地把帽子摘下來。

「少林寺的小和尚向大師兄叩頭了。」大笑著一頭扎進他懷中。

庚福笑不出來，摸著滾在他懷中光溜溜的頭，蓄滿的淚水更刷刷掉下來。

「還嫌不嫌我？醜俊我們一樣了。春天頭髮長長了，我們又一樣，你也好了，我們一起去玩，廬山、黃山、泰山，名山大川都去，你會跑得比我還快……」

正說著，庚福的母親推門進來，上官趕緊抓帽子，想戴上，已遲了一步。

第二天，庚福的哥哥弟弟來看他，進門後，他們把帽子摘下來，拿在手上。庚福見他們頭上全刮得乾淨，像兩個不穿架裟的和尚，挺著身子站在床前。

結尾在意外之中，凸顯妻子的用心良苦，亦翻出兄弟手足情深，折射黑色中令人不忍的幽默，亦喜亦悲。

至如劉墉〈像今生一樣美麗〉(《衝破人生的冰河》)，妻子因爲生病住院，經放射線治療，頭髮愈掉愈多，妻將梳上髮絲交給他，他全裝進一個紙袋。結尾：

妻臨去之前，他匆匆趕出去，又急急衝回床邊，及時把那頂假髮戴在妻的光頭上。

「這不是假髮，這是用妳自己的頭髮做的。」他在妻子的耳邊說：

「願妳的來生，像今生一樣美……」

先生用情至深，讓妻子告別人間前，戴上「自己的」假髮，讓臨終的悲涼哀曲中，浮現溫暖的繾綣音符。

再次，也有男子爲女子梳洗頭髮個案。如林剪雲〈髮〉（第一屆中華日報小小說首獎），寫他從小最喜歡母親喚他幫忙搓洗長髮（用黑褐色的洗髮土）。母親過世後，妻子有一頭及腰長髮，他常不自覺去撫摩，內心希望替妻洗髮。及海上歸來，乍見女兒紮了兩根烏溜溜的辮子，驚喜之餘，要求爲女兒洗澡。結尾：

可是，父女在浴室實在待得太久了。替孩子洗個澡，哪需要那麼久？他那雙又粗又厚的大手掌，該不會把女兒搓傷揉痛吧？她不放心，來到浴室，開門一看，她一直笑，笑得不可遏抑，笑到後來眼眶莫名的潮熱了：女兒俯躺在她父親懷中，辮子已解開，長髮撂到前頭。她父親正專注且輕柔的爲她掠洗著頭髮，女兒銀鈴般的笑聲迴蕩在浴室間：而他腳旁邊還有一小塊的，不是他一直珍藏在他的旅行箱裡黑褐色的洗髮土嗎？

於是久久壓抑的童年戀髮情結，得到釋放。男子威嚴面具下的內心溫柔，在對女兒無猜的世界中親切的舒展。髮的纖柔細長，成爲連接三代（母親、妻子、女兒）的情感秘道；洗髮的動作，正是親情與愛情親密融洽的表徵。

可見以頭髮爲題材，可以自「染髮」（喻麗清〈白髮〉）、「剃髮」（張德寧〈沙漠綠洲〉）、「戴假髮」（劉墉〈像今生一樣美麗〉）、「洗髮」（林剪雲〈髮〉）分別競寫。藉由情節的意外、擬人的意外，兜出「情之幽微」，彰顯特殊事件中的共通情致。而各篇筆走荒誕，無不反常合道，自成情意邏輯，交織出悲喜氤氳的感情世界。

注①：陳波指出因果關係的特點，計有：「普遍性」、「共存性」、「先後性」、「複雜多樣性」（《邏輯學是什麼》，頁155，台北：五南，2002）。李淑文指出因果關係的特點，計有：「時間上的先後相繼性」、「確定性」、「複雜多樣」、「普遍」（《創新思維方法論》，頁344，北京：中國傳媒大學，2005）。

極短篇寫作的情節設計

極短篇寫作的進階，可自情節設計、意象運用上，再求精進，再求新穎。大凡極短篇常見的情節設計，自「起、承、轉、合」的「轉」切入，有三種模式：

一、陡轉

即「逆轉」，往往前後顛倒，今昔錯位，形成強烈震撼，產生鮮明對比；是超常、驚悸的大意外。

二、曲轉

即「偏離」，往往自然轉折，可以想見，形成漣漪般的波紋，產生連鎖反應；是正常、可以接受的小意外。

三、遞升

即「擴大」，往往感慨加深，境界更高，產生衍生性思維，形成更透澈的觀照；是超越自我的精進，打破慣性的意外。以狗為題材，可以一窺作者情節設計的差異。

如雷驤〈尊榮與極滅〉（《雷驤極短篇》），即屬「陡轉」。軍犬立下許多戰功，晉升等同士官長軍階，由前哨碉堡的中士阿漢照顧。誰知阿漢將屬於軍犬補給品的牛肉罐頭獨自享用，饗以殘羹剩菜。於是當軍中的長官前來巡視，軍犬士官長扯拉將軍褲腳，掀出阿漢床底堆積罐頭的秘密。而阿漢被檢舉遭口頭警告後，變本加厲，將士官長鍊起，不給食物，甚而鞭撻毒打。誰知後來士官長竟掙脫，咬破阿漢喉管。事情原委調查清楚後，士官長被褫除軍階，毀去兩顆犬牙，但士官長至今仍在碉堡間走動，如同服役，結尾：

「士官長！過來！」這時候連隊長似乎發現犬的蹤影，喝了一聲。跛的怪狗，不知道從哪裡顛著走出來，因爲連隊長的默許，伙伕這時放心的餵牠吃東西了。這時我們才曉得伙伕原是極愛牠的。大家一時都停下筷子，看著缺了整片顎的軍犬士官長，把地面當作牠的下巴緊貼著，用舌頭慢慢的將一片蛋，撥入口中。

讓人對士官長的艱難吃相不忍，並對士官長「生之尊嚴」凜然意志，深深動容；更對萬物之靈的人類之惡，不寒而慄。中士阿漢和士官長的關係，由軍階的高低，翻轉至中士對士官長「食物」的苛扣、剝削；再至士官長對中士行徑的爆料，中士的虐待、凌遲；最後再翻轉至士官長的致命反擊。結尾藉由對此關係的逆轉，反襯出士官長的堅強與崇高。

其次，如邵僩〈高貴之逝〉(《邵僩極短篇》)，屬於「曲轉」。敘述牧羊犬因衰老疾病，被主人放逐山中，踽踽獨行，對人遞至面前的麵包則不予理睬。作者與妻對談，推想牧羊犬主人必另結新歡，買了條新狗。結尾：

我們在談話的時候，牠悄悄的轉過身子再向前行，穿過山壁的濃濃陰影；牠走到夕陽下，夕陽的光澤抹去了牠醜陋的瘡痕，牠的腳步尊貴而莊嚴。

以餘暉籠罩下的金黃視覺，肯定牧羊犬自矜自重的精神品格。反之，若將情節發展，放在「主人」與「牧羊犬」對峙關係的變化上，則為「陡轉」。但全篇自主人棄養老牧羊犬後，牧羊犬雖傷心失望，仍堅持「不食外人之食」；寧可挨餓身殘，絕不搖尾乞憐，乞食苟活。似此偏離、逸出的發展（包括作者「移情」作用的「視覺印象」），屬於自然的意外（高級狗對主人餵食的堅持），形成令人感傷的「曲轉」。自年老失寵的無奈中，兜出高級狗的習性，帶出現實中的殘酷、悲涼。

至於張伯權〈狗的智慧〉（聯經《極短篇》第三集），寫非洲部落間流傳的一則寓言。謂九條狗和獅子聯合覓食，奔波一天，共十隻羚羊。獅子說找個有的智慧人來分配，其中一條狗即說「每人一隻，最公平」，結果被獅子抓瞎眼睛。最後一條狗說「獅子拿九隻，我們兄弟九個拿一隻」，獅子極為滿意，問說這樣分配的智慧來自哪裡。結尾：

狗回答：「當你的巨掌挖出我兄弟的眼睛，就在那時候我學得了這份智慧。」

這樣的智慧是「前事不忘，後事之師」。所謂「不經一事，不長一智」。弱者的自保之道，在於知所進退，不批強者逆鱗，徒招災厄。似此「急中生智」的解決問題，即是「遞升」。看清「識時務者爲俊傑」，看清「弱者的公平」並非「強者的公平」，看清「弱肉強食」的叢林法則，只有「平權」，沒有「平等」。似此轉折，不採「陡轉」模式（如：九條狗聯合起來殺掉獅子），亦不採「曲轉」模式（如：十隻羚羊中有九隻中毒，那九隻就給獅子），而由經驗教訓中，翻升一層，激發悟性，呈現逆向思維（一隻獅子分九隻羚羊，九隻狗分一隻羚羊），掌握現實世界中「應然」與「實然」的弔詭變化。

論及三者情節設計模式，構圖如下：

1. 陡轉

A　B
B　A

2. 曲轉

A — B — C

3. 遞升

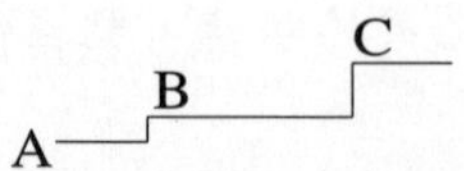

大抵「陡轉」，以情節「大意外」爲主，注重情節的張力、強度，大抵可分兩類：一、開高走低，先揚後抑，先褒後貶，旨在嘲諷，多以悲劇收場；二、開低走高，先抑後

揚，先貶後褒，旨在幽默，多以喜劇收場。其次「曲轉」，以情境的「飽滿」為主，不重情節的強度（只有情節的「小意外」），而這樣的極短篇，往往變成「散文化極短篇」、「詩化極短篇」，引出情意的幽微，帶出淡淡悠悠的空白。至於「遞升」，以境界的「上揚」、「提升」為主，往往與「曲轉」、「陡轉」相結合，由景而情，由事而理，由常識而見識，相激相盪，呈現開創性的思維，揭示層樓更上的觀照，綻放發人深省的智慧火花。

最後，值得注意的是，「陡轉」、「曲轉」、「遞升」三種情節設計，並非截然畫分，相互排斥；而是綜合運用，相互交融；豐富小說元素，增強變化的質量，讓整個情節更律動開展。可見優秀極短篇貴於自轉折的套用（如「遞升」中包含「曲轉」、「陡轉」）、運用（先「曲轉」，再「陡轉」，再「遞升」）、兼用（既是「曲轉」，也是「遞升」；或既是「逆轉」，也是「遞升」）中，靈活組合，線性鋪衍，馳騁編織，極其變化莫測、趣味橫生之妙。

極短篇寫作的意象經營

極短篇的意象，是小說「場景」（「人物」、「情節」、「場景」爲小說三要素）的重心。藉由作者的妙用，可以自意象的統一上，見其情與境偕，充滿象徵；亦可自意象的變化上，見其情與境反，充滿反諷。極短篇的內蘊，即在象徵與反諷的相互加乘中，得以形塑豐贍的藝術性；透過「意內象外、一象多義」的形象思維，寓意涵於形象，得以召喚讀者觀之會心，賞之回味。

以蒼蠅爲題材，就意象的統一而言，羅英〈蒼蠅〉（《羅英極短篇》）寫退休工友吳添富最後一天上班，益發覺得自己的存在變成可有可無，彷彿打瞌睡時夢見的蒼蠅。結尾：

吳添富走出老板的辦公室，毫不動聲色就坐回自己的座位。這時辦公室明亮而安靜，吳添富一眼就發現了有隻蒼蠅正停棲在自己的茶杯上。這回他沒有像從前那樣盡職的去捕滅牠。愣愣的望著牠在滑溜的瓷蓋上停留不去。他因這景象變得越發傷感和慈悲起來，決定要守護牠一陣子，不讓別人過來將牠打死。但是蒼蠅並不了解吳添富的用心，不到五分鐘就飛走了。看到別人一巴掌就將牠擊斃，吳添富禁不住悄悄的啜泣起來。

蒼蠅無疑是自身卑微的寫照，擊斃蒼蠅的「一巴掌」是要求效率的現代社會，是不饒人的社會巨流。

其次，方瑜〈蠅屍〉(《聯合文學》四十八期，收入隱地編《爾雅極短篇》)，自高溫下方向盤前蒼蠅一直朝亮光玻璃窗飛撲，終至燙死，蜷縮成小黑點，不禁愕然悟道：

> 這一切就在眼前發生，只是短暫的一瞬，但我不能不想，冥冥之中，是否也有冷然旁觀的眼睛，注視我們這小小星球上，蟻聚奔突的芸芸眾生？也許曾有「打開的窗」、「指引的手」，然而，我們並沒有看到，只朝著自以爲正確的方向，努力前行。那麼，進步的速度越大、決心越強，終局的來臨，會不會也越快？人的滅絕和蠅的死亡，在那漠然旁觀的眼神中，是否也並沒有太大的差別？
>
> 冷氣好像終於有了作用，我覺得周身湧起寒意。

透過擴大的類比，念及自身如蠅，冥冥穹蒼中有一雙眼漠然旁視，那正是「天地不仁，以萬物爲芻狗」的事實，誰也不得倖免。

另如袁瓊瓊〈蒼蠅〉(《袁瓊瓊極短篇》)寫出差第一天打電話回家，妻說家裡來了很多蒼蠅；半夜三點，妻打電話過來要求他快點回來，哭說「好像這房子要死了」，他再也睡不著，想像妻躺在黑沉通鋪上，白臉露在紫色花被外的詭異情景。第二天回家，隔壁獨居女人的屍體被抬了出來，入家裡，妻告知是一隻死老鼠惹的禍；他直覺噁心，因妻不知

「蒼蠅沾著死亡越牆而來」。面對妻正跪在地上擦洗的形象，他心生「無望的卑微」之感，結尾：

> 他從蒼蠅旁經過。那群黑點點動也未動，只是嚴肅的注視屋裡的兩個人。

此際，蒼蠅不只是個人的喻指，而一躍爲死亡的陰影，逼近著日漸衰朽的眾生。最末一行，寓意於景，蒼蠅由微不足道的「意象」，轉化成冷峻、巨大的死神「象徵」，引人不寒而慄。

反之，就意象的變化而言，陳幸蕙〈蒼蠅王〉《陳幸蕙極短篇》寫陪父親返鄉探視從未見面的爺爺。爺爺早年爲金石書法家，文革時被下放勞改。等到親自目睹小客廳上框裱的剪報，報導爺爺十年來打死蒼蠅七十萬隻，爲民除害，由衛生委員會收購，以茲獎勵。當問起爺爺金石書法藝術何在，爺爺答以打蒼蠅才重要。眼見技法超絕的藝術家竟成爲打蒼蠅的冠軍，不禁哽咽在喉，衝至宅外。畢竟「蒼蠅王」是何等的諷刺。結尾：

> 長城遠遠淡淡的在山上起伏。但這條最利最長的線，卻瞬間飛成最利最猛的箭，直奔而來，射穿了他的心。
>
> 他落下淚來，但很快就被腳下的黃土地吸收了。

這正是時代的悲劇，個人身不由己的哀曲，不知有多少在黃土地上隨風而逝。此處的蒼蠅，可以是文革時下放勞改、傷亡的平常百姓。

「蒼蠅王」冠軍頭銜，與英國經典小說名著《蒼蠅王》（*Lord of Flies*）相較，爺爺地位何其卑微，但求苟全性命於亂世。反觀《蒼蠅王》（有拍成影片）小說，地位崇高，光芒四射，如日中天。如此一來，極短篇〈蒼蠅王〉在雙關的反差中，形成情境的反諷，既批判文革的禍害，亦批判當時的荒腔走板。而通過時代風暴，能夠浩劫餘生者，也唯有自「黑色」（蒼蠅）中尋找「幽默」（蒼蠅王）的出口。金石書法藝術，遇上亂世浮生，只有自「苟延」的「無聊之事」中，尋找「殘喘」的角落，成為一代「蒼蠅高手」，得以「遣有涯之生」，自我解嘲，付諸悲涼一笑。

由以上實例檢視，可知好的結局，是極短篇成功的一半；好的「意之不測」、「情之幽微」、「理之深刻」，是極短篇成功的另一半。自人性的律動變化、人事的相反相成、理蘊的辯證上切入，突破靜態的單一，鬆綁慣性的認知；展現「意外」的精進（由「語言」的意外，至「事件」的意外，再至「視角」的意外，終至「情理」的意外），展現「定見」的高度（由「常識」的空泛，至「知識」的規範，再至「見識」的練達），展現「悟性」的穿透力（由「感性」的擴散，至「知性」的聚斂，終至「知感相融」的體悟），將能登峰造極，迸發深刻性、新穎性的創造力，直上極短篇「極精彩」、「極精悍」的藝術神殿。

極短篇與創思教學

一、前言

極短篇，又稱「小小說」、「微型小說」，講究「出人意外」、「入人意中」的情節設計，注重「言外之意」的寓意內蘊，在在呈現「短小」形式、「精悍」文本的藝術特色。

至於創思教學，爲「創造思考教學」的簡稱，旨在藉由教師創意的教學策略，激發、活化莘莘學子不同向度的創造力；藉由有效引導，培養莘莘學子認知的敏覺力、變通力、流暢力、精進力與獨創力（陳龍安，1988）。

由是觀之，以「意之不測」爲外，以「情之幽微」、「理之乍顯」爲內的極短篇設計，可與創思教學相互對顯比較。試揆極短篇的創作，作者往往藉由一系列事件，展現「發現問題」（特殊情境）、「解決問題」（衝突、抉擇）的機智。似此創作的表達力，正是創思教學中「一種特殊問題的解決能力」，尋求「發現更新更好的問題解決方法」（張世慧，2003）；兩者之間，適可相互挹注，援引說明。

以下試以西洋極短篇爲例，參酌威廉氏（Williams, 1970；陳英豪，1980）創思教學策略，一窺極短篇的創作特色。

二、創思教學策略與極短篇創作

威廉氏創思教學策略，與極短篇創作互通者，有六：

1. **矛盾法**（發現一般觀念未必完全正確；發現各種自相對立的陳述或現象。）

如美國凱特・蕭蘋〈一小時的故事〉：

他們知道馬拉德太太患有心臟病，因此以儘可能柔和口吻小心翼翼地告訴她先生死亡的消息。

她姊姊約瑟芬，以斷斷續續的語句，夾雜朦朧的暗示告訴她。那時，她先生的朋友理查斯也在場，就在她身邊。當火車失事惡耗傳來，理查斯正在報社辦公室。乍見布蘭特里・馬拉德的名字第一個出現於罹難名單上，他稍花了些時間查看第二次電報，確定消息屬實；便立即採取措施，以防大而化之、不夠溫善的朋友把這惡耗傳開。

她聽到這件事故，並不像婦人面對同樣情境而以迷惘的無力感來承擔。猝然，她失聲大哭，狂亂地癱倒在她姊姊懷裡。而後當哀傷的風暴停止，她一人獨自走入房間，不許任何人跟著。

房內，正對敞開窗口，有張舒服寬大的扶手座椅。她將自己拋進去，深覺周身的困頓疲倦侵逼而至，似乎也逼入她的靈魂。

在她屋前廣場，她看到所有樹梢正抖擻出新春的生命。空氣中，浮動雨水甜美的氣息。下面街道上，一個小販正吆喝著他的貨品。不知是誰的歌聲自遠處依稀飄來。密匝匝的麻雀在屋頂吱吱喳喳。

直對她窗口的西方，白雲逶迤相連，層層疊疊；以致片片藍天自其間露了出來。

她坐著，頭靠椅墊。除了喉間的啜泣使她抽搐外，她一動也不動，如同小孩哭著入睡後仍在夢中抽噎。

年輕的她，有一張漂亮、沉穩的臉，臉上的線條呈現出壓抑，甚而蘊藏著某種力勁。如今她的眼神一片茫然。她的眼神落在遠遠天邊的一片藍空上。然而那並不是滿含沉思的眼神，其中並未閃出任何智慧的光輝。

此際，有不知名的東西正朝她逼近，她恐懼的等待。那是什麼？她不知道。那東西太微妙，叫不出名字，但是她感受到它的存在。它自空中緩緩走來，自空氣中洋溢的聲響、氣味、顏色裡來到她身上。

現在，她胸脯劇烈地起伏著。她開始感覺到這個東西要前來支配她，她堅定意志，努力想將它擊退；但如她那蒼白纖細的雙手，意志軟弱乏力。

當她沉溺於自我世界片刻後，有幾個字自她微張的唇間悄悄溜出來。她不停反覆說道：「自由！自由！自由了！」原先那空洞眼神及懼怕的神采，自她眸中消失了。她的眼睛變得犀利、明亮，脈搏加快，身內奔流的血液溫暖起來，使得她渾身每一吋肌膚都放鬆了。

她並未停下來思索：那控制她的，是否爲荒誕的欣喜之情？然而另外清晰、高度的悟力，使她無視於這樣的念頭。

她知道，當她目睹那祥和、溫柔的雙手在死亡時仍舊交叉著，那張從來含情默視她的臉，已變成僵硬、灰白、毫無生氣，她會再度哭泣。但是除了這片刻痛苦之外，她更預見即將來臨的漫長日子完全屬於她自己，她張開雙臂，歡迎未來的歲月。

在那些未來歲月，她將不必爲任何人而活，她只須爲自己過日子。也不會有霸道的意志來支配她。然而這種盲目的執拗，亦即男女都認爲，他們有權將個人意志硬加在另一個伴侶上，不管是善意或惡意，無疑是一項罪惡。在這豁然開朗的瞬間，她如是思索著。

有些時刻，她是愛他。然而大多數時刻，她並不愛他。但這又有什麼關係？愛情，這神秘無法解開的愛情，在面對她這頓悟而企求自我權利的覺醒，要如何來詮釋？那是她生存的最大動力啊！

「自由了！軀體和靈魂都自由了！」她不停低語。

約瑟芬跪在緊閉的門前，將嘴唇貼近鑰匙孔，哀求道：「露易絲，開門！我求妳，開門——妳會讓自己病倒。妳在做什麼？露易絲？看在老天面上，開門吧！」

「走開，我不會讓自己病倒。」不！從那敞開的窗口，她正暢飲人生的萬靈丹。

她的想像盡情馳騁在她前面的未來時光；春、夏、以及各種完全屬於她的日子。她立即祈禱；她會長命百歲。然而就在昨天，她還顫慄地想：這輩子活太久了。

最後，在她姊姊不斷哀求下，她站起來，把門打開。在她眼中，流露出狂熱的神色。她不期然展現勝利女神般的風姿。她緊纏住她姊姊腰圍，而後一起下樓。樓下理查斯正站著等她們。

有一個人拿一把彈簧鎖鑰匙，打開前門。竟然是布蘭特里·馬拉德走進來。他雖有點風塵僕僕的模樣，卻安然自若地提著旅行袋和雨傘。他根本離出事現場很遠，甚而不知那裡發生意外災難。因此，他站著，吃驚地面對約瑟芬刺耳的哭叫。理查斯迅速地擋在他面前，使他看不到他太太。

但理查斯的動作太遲了。

當醫生來時，他們說他太太是死於心臟病——因過度興奮而喪命。（顏藹珠譯）

這篇極短篇的重點，不在於惡耗誤傳，而在於惡耗誤傳後的連鎖變化；由一個「反轉」的單一意外，兜出兩個「反轉」（「狂喜」、「狂悲」）的雙重意外，形成深層反諷。

當惡耗（馬拉德火車失事）傳來，露易絲內心深處，如聞喜訊，終於可以脫離婚姻枷鎖，免除精神牢獄之災，重獲自由；從此，自歌自舞自開懷，且喜無拘無束。然而，世事難料，「惡耗」竟非「美夢成真」。不到一個小時，馬拉德竟安全無恙，出現眼前。露易絲無法接受失事名單竟然「擺烏龍」的「殘酷玩笑」，硬生生彩色的人生，立刻重回黑白。原本長紅的變化，竟六十分鐘內，半路夭折，拉出長黑收場。於是，心臟再也無法忍受「狂喜」、「狂悲」的雙重打擊，終於完全罷工了。

全篇第一層反諷，在於姊姊怕妹妹傷心過度，孰料她卻竊喜若狂。第二層反諷，在於親友說她因先生平安歸來太高興了，結果心臟病發作。孰料她是失望透頂，結果一命嗚呼。而人世的表裡不一、禍福相倚，往往如此糾纏連環，令人瞠視扼腕。

而透過「矛盾法」的表裡不一、事與願違，正可寫出「反諷」的極短篇，尤其雙重意外的轉折，矛盾法的先後迭用，最能強化、豐富「反諷」的力道，彰顯「情之幽微」的主題內涵。

2. **歸因法**（發現事物的屬性；指出約定俗成的象徵或意義，發現特質並予以歸類。）

如俄國高爾基〈海燕之歌〉：

在蒼茫的大海上，風捲集著烏雲。在烏雲和大海之間，海燕在高傲地飛翔，就像黑色的閃電。

一會兒翅膀碰到浪尖，一會兒箭一般地衝向烏雲，牠叫喊著，——在這鳥兒勇敢的叫喊聲裡，烏雲聽見了歡樂。

在這叫喊聲裡——充滿著對暴風雨的渴望！在這叫喊聲裡，烏雲聽見了憤怒的力量、熱情的火焰和對勝利的信心。

海鷗在暴風雨即將到來之前呻吟著，——呻吟著，牠們在大海上竄來竄去，想把自己對暴風雨的恐懼藏到海底去。

海鷗也在呻吟著，——牠們這些海鷗啊，不懂得感受戰鬥生活的歡樂：隆隆的雷鳴聲就把牠們嚇壞了。

蠢笨的企鵝，膽怯地把肥胖胖的身體躲藏在懸崖底下……只有高傲的海燕，勇敢地、自由自在地在翻著白沫的大海上飛翔！

烏雲越來越黑，越來越低，向海面直壓下來，而波浪卻歌唱著向高處直沖，去迎接那雷聲。

雷聲隆起。波浪在憤怒的泡沫中叫喊，與狂風爭吼。看吧，狂風緊緊地抱起一層層巨浪，惡狠狠地將它們拋向懸崖，把這些大塊的綠寶石摔成飛珠和水露。

海燕一邊叫喊著，一邊飛翔，像黑色的閃電，箭一般地穿過烏雲，翅膀掠起波浪的飛沫。

看吧，牠飛舞著，像個精靈，——高傲的、黑色的暴風雨的精靈，——牠在歡笑，也在大叫……牠笑那些烏雲，牠因為歡樂而大叫！

從雷聲的震怒裡，——這個敏感的精靈，——牠早就聽出了疲乏，牠深信，烏雲終究不會遮住太陽，——是的，遮不住的！

風在呼嘯……雷在轟鳴……

一堆堆的烏雲，像藍色的火焰，在無底的大海上燃燒。大海抓住閃電的箭一樣的光，把它們熄滅在自己的深淵裡。這些閃電的影子，就像一條條的火蛇，在大海裡游動，轉眼就消失了。

「暴風雨！暴風雨就要來啦！」

這是勇敢的海燕，在怒吼的大海上，在閃電中間，高傲地飛翔；這勝利的預言家在叫喊：「讓暴風雨來得更猛烈吧！……」（許海燕譯）

〈海燕之歌〉是寓言詩，亦為寓言極短篇。

這樣的極短篇，不以情節驚奇取勝，而以情境內蘊見長。全篇藉由擬人的幻化變形，高唱熱烈昂揚的生命之歌。

相對於海鷗、企鵝，海燕是狂風暴雨中的黑色閃電，穿過烏雲的利箭，展現旺盛堅韌的生存意志，迎向惡劣天候的挑戰，衝鋒陷陣，一躍而成爲勇者形象的最佳寫照。

爲了彩虹，歡迎烏雲；爲了晴空，歡迎暴風雨。海燕是勇猛精進的精神象徵，揭示主體意志的壁立千仞：「一個人可以被毀滅，但不能被打敗」（海明威語）。

似此「歸因法」的運用，藉由特殊意象（海燕、海鷗、企鵝、黑色閃電），發揮其普遍內蘊；形成厚重文件，形成多義性的召喚結構，則爲「象徵」的極短篇，最能符合「小面積，大負載」的美學效果，兜出「理之乍顯」的主題內涵。

3. **類比法**（比較類似的各種情況；發現事物間的相似處；將某事物與另一事物做適當的比喻。）

如俄國契訶夫〈生活是美好的〉：

生活是極不愉快的玩笑，不過要使它美好卻也不很難。爲了做到這點，光是中頭彩贏二十萬盧布，得個「白鷹」勳章，娶個漂亮女人，以好人出名，還是不夠的——這些福分都是無常的，而且也很容易習慣。爲了不斷的感到幸福，甚至在苦惱和愁悶時候也感到幸福，那就需要：善於滿足現狀，很高興的感到：「事情原本可能更糟呢。」這是不難的。

要是火柴在你的衣袋裡燃起來了，那你應當高興，而且感謝上蒼：多虧你的衣袋不是火藥庫。

要是有窮親戚上別墅來找你，那你不要臉色發白，而要喜洋洋的叫道：「挺好，幸虧來的不是警察！」

要是你的手指頭扎了一根刺，你應當高興：「挺好，多虧這根刺不是扎在眼睛裡！」

如果你的妻子或者小姨練琴，那你不要發脾氣，而要感激這份福氣：你是在聽音樂，而不是在聽狼或者貓的音樂會。

你該高興，因爲你不是拉長途馬車的馬，不是寇克的「小點」①，不是旋毛蟲，不是豬，不是驢，不是茨岡人牽的熊，不是臭蟲。……你要高興，因爲眼下你沒有坐在被告席上，也沒有看見債主在你面前，更沒有跟主筆土爾巴談稿費問題。

如果你不是住在十分偏遠的地方，那你一想到命運總算沒有把你送到偏遠的地方去，你豈不覺著幸福？

要是你有一顆牙痛起來，那你就該高興：幸虧不是滿口的牙痛起來。

你該高興，因爲你居然可以不必讀公民報，不必坐在垃圾車上，不必一下子跟三個人結婚……

要是您給送到警察局去了，那就該樂得跳起來，因爲多虧沒有把你送到地獄的大火裡去。

要是你挨了一頓樺木棍棍子的打，那就該蹦蹦跳跳，叫道：「我多麼運氣，人家總算沒有拿帶刺的棒子打我！」

要是你妻子對你變了心，那就該高興，多虧她背叛的是你，不是國家。

依此類推……朋友，照著我的勸告去做吧，你的生活就會歡樂無窮了。（汝龍譯）

註①：寇克是十九世紀德國的細菌學家，「小點」指細菌。

面對積極進取的生活態度，主張「滿足現狀就是落伍」、「凡事往前看、往上比」的奮發向上，契訶夫提出不同的視角，主張「滿足現狀反而容易快樂」、「凡事退一步，海闊天空；能夠往下比，處處皆美好」。

這樣的視角，並非強調「失敗主義」、「阿Q精神」，而是經由觀念的鬆綁，讓自己珍惜「現有」的幸福，雖失望而不絕望，讓自己擁有轉圜的空間，快活自適。這樣的「往後看」、「往下比」，彷彿是一種「退步」。殊不知這樣的「退步」，正是「身心清淨方爲道，退步原來是向前」（佚名〈插柳〉），反而是一種「轉進」，讓自己跳出汲汲營營的爭鬥場，跳出「此山望得彼山高，到了彼山依舊發牢騷」的情緒焦慮，有了「黃色思考帽」的溫暖樂觀，「綠色思考帽」的無限生機。

全篇言淺意深，綻放小人物「生活的智慧」，以原汁原味（觀念的突破）取勝，與以情節「意外」見長的極短篇大不同。似此「類比法」的充分運用，淋漓盡致的發揮「世事洞明，人情練達」的裡蘊，則屬於「非情節式」（「散文化」）的極短篇，重新再現「理之乍顯」的主題內涵。

4. **辨別法**（發現知識領域不足的空隙或缺陷；尋覓各種訊息中遺落的環節；發現知識中未知的部分。）

如L．克連德寧〈亞當．伊娃失蹤案〉：

夏洛克．福爾摩斯死了。是在睡夢中溘然長逝的，享年八十歲。然後，他馬上升天了。

這些日子以來，在天國的諸多街道中，一名移居者的到來，引起這麼大的轟動，確實絕無僅有。很多人都說，這位著名的偵探所引致的轟動情形，只有拿破崙的墮入地獄差堪比擬。儘管約旦河上濃霧蒸騰，福爾摩斯還是被塞進二輪馬車，給帶到上帝御前。一番繁文縟節之後，耶和華宣示：

「福爾摩斯，你知道，天堂裡也有不少問題。好比亞當和夏娃那兩小口就失蹤了。而且不瞞你，已經有二『永世』那麼久了。他們還在的時候，簡直是訪客不斷，門庭若市，是人們關心的焦點。所以嘛，我想委託你，幫我把他們給找回來。」

福爾摩斯一時若有所思。

耶和華又說：

「我想告訴你他們失蹤前最後的外貌和穿著，但是恐怕不能當作線索吧。因爲人類在過了兩個『永世』那麼久之後，一定有了不小的變化。」

福爾摩斯舉起了他那細而長的臂膀。

「主啊，憑你的能力，可以出一個布告嗎？讓任何力量都無法動搖的物體，和任何物體都無法抵抗的力量來做一個拔河比賽，就在這條大街——我記得叫上帝大街——盡頭的原野上來辦這個賽會，可以嗎？」

命令給頒布出來了，不久街路上擠滿了彳彳亍亍走向原野的群眾。福爾摩斯懶洋洋地站在神聖的柱廊大門口看著他們。

突地，他衝進人群裡面，抓住了一名族長和高興地嚮著鼻子的族長老妻，揪到上帝面前。

「亞當，」上帝說：「你們眞會讓我擔心啊。福爾摩斯，你是怎麼找到他們的，可以告訴我嗎？」

「太簡單啦，主啊。」福爾摩斯回答說：「因爲他們沒有肚臍。」（鍾肇政譯）

爲此「問題解決法」的極短篇，所透顯的「訊息」有二：

第一、當局者迷，旁觀者清。即使「全能」的上帝，依自身形象造亞當，取亞當肋骨造夏娃，忘了這兩位失蹤人口，均非「懷胎十月」所生，忘了他們根本「沒有肚臍」。

第二、百密一疏，終露破綻。失蹤「永世」的亞當、夏娃，不管再如何改變外貌，改變穿著，根本無法「改變」他倆「沒有肚臍」的秘密。於是忠於委託的福爾摩斯透過原野上一個簡簡單單的拔河比賽，就讓他倆無法抵賴，無所遁形。

當然，這裡面的最大贏家是「智多星」福爾摩斯，他不僅名聞英國，更響譽天國。一流機智，確實無出其右。最後値得一提的是，這場拔河比賽，天國的選手不能穿衣服蓋住肚臍，否則神探福爾摩斯也沒有辦法這麼快「破案」，完成任務。

似此「辨別法」的運用，在在展現名偵探的機智；在懸疑重重之際，柳暗花明；曙光乍現，一錘定音，揭示眞相；則爲「情節式」的極短篇，呈現「意之不測」的主題內涵。

5. **習慣改變法**（確定習慣思想的作用；改變功能固著的觀念及方式，增進對事物的敏感性。）

如美國安德森〈愛情是如何恢復的〉：

在驅車到渡假的海濱小村去的路上，我發了個誓，在未來的兩個星期內我一定要努力當一個可親可愛的丈夫和父親，十足地可親可愛，絕不說「如果」、「而且」、「但是」等等。我產生這個念頭是因爲聽了汽車上磁帶錄音機播放的一位評論員的話，他引用《聖經》上關於丈夫體貼妻子的一段話，然後接著說，「愛情是一種意願的行動，一個人可以決意去愛別人。」對我來說，我不得不承認我是個自私的丈夫——我們的愛由於我個人缺乏感情而變得減退了。在一些小問題上我確實是這樣：指責伊芙琳動作遲緩，看電視時堅持我想看的節目，把明知道伊芙琳還想看的隔日報紙扔掉。好吧，這一切在兩個星期內都得改變。

我一一改正了，從我在門口吻伊芙琳並且說「妳穿那件新的黃毛衣眞好看」的那一剎那起。「喲，湯姆，你注意到了。」她說，顯得又驚訝又高興，也許還稍許感到一絲不知所措。經過長時間的駕車之後，我很想坐下來看看書，而伊芙琳建議到海邊去散散步。我剛要拒絕，但想到伊芙琳整個星期一直獨自和孩子們在一起，現在她想和我單獨在一起。我們在海邊散步，孩子們在放風箏。日子就這樣一天一天過去了，兩個星期來我沒有給我任經理的華爾街投資公司掛過電話；我們參觀了一次貝殼博物館，雖然我通常對博物館不感興趣；當伊芙琳在準備赴宴前磨磨蹭蹭使我們未準時趕到，我也保持沉默。整個假期在又舒心又愉快的氣氛中度過了。我重新發誓要牢記決意去愛別人。但是，在實踐中有一件事出了個岔子。伊芙琳和我至今仍為此感到可笑。離開小村前最後一個晚上，伊芙琳正在鋪床，她忽然滿面愁容地凝視著我。「怎麼啦，」我問她。「湯姆，」她說，聲音充滿了悲痛，「你是不是有什麼事瞞著我？」「妳指的是什麼？」「是這樣……幾個星期前我做的那次檢查……我們的醫生……他是否對你講了些關於我的病情？湯姆，你近來一直對我這麼好……是不是我快死了？」好一會兒我才能把這一切都明白過來。接著我便縱聲大笑起來。

「不，親愛的，」我把她抱在懷裡說，「妳不會死的，我剛剛才開始生活哩。」

人生永遠充滿悲喜的戲劇化。

當先生力圖恢復「愛情」，展現「了解」、「尊重」的關懷特質，似乎一切將開高走高，永結同心，共譜幸福的家庭樂章。然而，當先生表現「超水準」，對太太「有夠好」時，反啓太太疑竇，覺得其中必有文章。是外遇？是自己不久人世？……最後太太猜想，大概只有一個可能，幾個星期前做的病情檢查。結尾，經由先生澄清，才知道原來自己「想太多」了。全篇在太太欲淚、先生朗朗的笑中歡喜落幕。

由此可見，婚姻中的老夫老妻，大抵習慣「漸進式」的愛情表現，細心長流，逐漸加溫。對於「突變式」的過度關心，往往會「始則以喜，繼則以憂」，覺得對方有可能是心理自衛機轉的「補償作用」。似此，鐘擺效應的錯覺，正說明人心的微妙，也說明要恢復婚姻中的「愛情」，無法短線炒作，必須用心經營，必須融入生活，才能長出甜美的果實。

大凡「習慣改變法」的運用，對於已經習慣的「老妻」，是一種「創新」，也是一種「破壞」，往往形成出人意外的「好心做壞事」，形成「情之幽微」的悲喜劇，此則爲最常見的「情節式」的極短篇。

6. **重組法**（將一種新的結構重新改組；創立一種新的結構；在零亂無序的情況裡發現組織並提出新的處理方式。）

如美國霍桑〈大衛的機遇〉：

大衛．斯旺沿著大道，朝波士頓走去。他的叔父在波士頓，是個商人，要給他在自己店裡找個工作。夏日裡起早摸黑的趕路，實在太疲乏，大衛打算一見陰涼的地方就坐下來歇歇。不多會兒，他來到一口覆蓋著濃蔭的泉眼旁邊。這兒幽靜、涼快。他蹲下身子，飲了幾口泉水。然後，把衣服褲子折起當枕頭，躺在鬆軟的草地上，很快就酣然入睡了。

就在他呼呼大睡的當兒，大道上來了一輛由兩匹駿馬拉著的華麗馬車，驀地，由於馬蹩痛了腳，車子嘎地停在泉眼邊。由車裡走出一位年長紳士和他的妻子。他們一眼就瞧見大衛睡在那兒。

「他睡得多沉，呼吸那麼順暢，要是我也能那樣睡會兒，該多幸福！」紳士說。

他的妻子也嘆道：「像咱們這樣的老人，再也睡不上那樣的好覺了！看那孩子多像咱們心愛的兒子呀，能叫醒他嗎？」

「哦，咱們還不知道他的品性呢。」

「看他臉孔，多天眞無邪喲！」

大衛不知道，幸運之神正近在咫尺呢！年長紳士家裡很富有。他唯一的兒子新近不幸死了。在這樣的情況下，人們往往會做出奇怪的事來。比如說，認一個陌生小伙子爲兒子，讓他繼承自己的家產。可是，大衛卻始終沒醒來，睡得正甜。

「咱們叫醒他吧！」紳士的妻子又說了一句。正在這時，馬車夫嚷起來：「快走吧！馬好了。」老夫妻倆依戀地對視一下，便快步走向馬車。

過了不到五分鐘，一個美麗的姑娘踏著歡快的步子，朝泉眼走來了。她停下來喝水，也瞧見了大衛。就像未經允許進入別人臥室，姑娘慌忙想離開。突然，她看見一隻大馬蜂正嗡嗡地在大衛頭上飛來飛去，就不由得掏出手帕揮舞著，把馬蜂趕走。

看著大衛，姑娘心頭一顫，脫口而出：「他長得多俊啊！」可是大衛卻絲毫未動，她只好怏怏地走了。要是大衛能醒來，也許能和她認識，甚至結親。要知道，她父親可是個大百商哩。

姑娘剛走開，兩個帽沿拉到眉頭的強盜悄悄地溜過來了。他們瞥見大衛躺在泉邊香甜地睡著，一個歹念頭頓時閃上心頭。

「也許這崽子身上有錢。」

「過去摸摸看，如他醒來，就用這個來對付他。」說著，一個強盜掏出了明晃晃的匕首。他們正準備下手時，一條狗匆匆跑到泉邊飲水，他們聽得心驚肉跳。

「等一下，可能狗主人就在附近。」

「我們還是小心爲妙，趕快離開吧！」兩個強盜嘀咕了一陣，便溜走了。

一輛馬車的隆隆聲，驚醒了大衛。他跳了上去，很快消失在煙塵中。

大衛永遠也不會知道在他睡覺時，發生的一切幸運和險象。可是，仔細想想，世上誰人不如此呢？

換個角度，世界會不一樣；再加個「偶然」，再添個「意外」，世界也會不一樣。

如果在濃蔭泉眼邊草地上酣睡的大衛，「適時」醒來，和新近喪子的老夫老妻相識、投緣，「及時」醒來，和美麗的女子一見鍾情；也許鹹魚大翻身，從此平步青雲，錦衣玉食。如果他「剛好」醒來，和強盜抵抗格鬥，也許因手無寸鐵，遭強盜殺害；還好一隻野狗「碰巧」來泉邊喝水，嚇走強盜。

全篇透過全知觀點的掃瞄，對映出偏知觀點的侷限。個人內聚焦的「知」「見」，永遠無法透視外聚焦的世界（「吾之所知，不若吾之所未知；吾之所見，不若吾之所未見」）。尤其，當一個人酣睡，停止「知」「見」時，更是被矇在鼓裡，全然不知幸運之神正向你招手，或死亡神正向你揮動鐮刀……

這樣的極短篇，既特殊又普遍。是「大衛」的機遇，也是每個人的機遇，揭示每個人存在的盲點，令人瞿然，也令人惘然。似此「重組法」的運用，揭示「複合」（不只是「單一」）機遇的種種因緣，種種可能，似此「複合」意外的先後組合，直指人生「偶然」變化的本質，直指人生「必然」的軌跡（由諸多「偶然」銜接串連成「必然」），是情節式極短篇的「複合」新貌，既兜出「意之不測」，並共同組成「理之乍顯」，召喚讀者凝慮深思。

至於中文極短篇，以隱地編《爾雅極短篇》（一九九一，爾雅）爲例，運用矛盾法者，有郭良蕙〈鏡〉、陳輝龍〈殺手的女兒〉；運用歸因法者，有鍾玲〈蓮花水色〉、羅英〈菊〉；運用類比法者，有方瑜〈蠅屍〉、趙曉君〈鏡〉；運用辨別法者，有張靄珠〈白色的教堂〉、王貞君〈往事〉；運用習慣改變法者，有陳克華〈目擊者〉；運用重組法者，有王鼎鈞〈兩個單身漢〉、西西〈星期日的早晨〉。有興趣者，可相互參對。

三、結語

經由上述參照比較，可說者有三：

第一，就威廉氏創思教學策略而言，除了本文所舉六種外，尙有：「激發法」（多方面追求各項事物的新意義，引發探索知識的動機；探索並發現新知或新發明）、「變異法」（演示事物的動態本質；提供各種選擇、修正及替代的機會）、「探索法」（探求前人處理事物的方式（歷史研究法）；追求新事物的地位與意義（描述研究法）；建立實驗的情境，並觀察結果（實證研究法））、「容忍曖昧法」（提供各種困擾、懸掛或具有挑戰性的情境，讓學生思考；提出各種開放而不一定有固定結局的情境，鼓勵學生擴散思考）、「直觀表達法」（學習透過感官對於事物的感覺，來表達感情的技巧；啓發對事物直覺的敏感性）、「發展法」（從錯誤或失敗中獲得學習；在工作中積極的發展而非被動的適應；引導發展多種選擇性或可能性），都是教師在激發莘莘學子創造力的一般策略。就極短篇教學而言，極短篇創造構思上，離不開「激發法」、「變異法」、「探索法」；情節設計上，離不開「容忍曖昧法」；敘述表達上，離不開「直觀表達法」；彼此間仍有相當大的交集，可以再加深入探究。

第二，就以上六種創思教學策略而言，分別對極短篇創作，多所助益：㈠就藝術性而言，「矛盾法」長於反諷，「歸因法」長於象徵，「類比法」長於深刻之意，「辨別法」長於知性剖析，「習慣改變法」長於創新表達，「重組法」貴於整體觀點，在在呈現不同的創作風格。㈡就類型而言，極短篇可以有「情節式」（小說）、「非情節式」（詩化、散文化）兩大類型。運用「矛盾法」、「辨別法」、「習慣改變法」、「重組法」，可以開展出「情節式」的極短篇；運用「歸因法」、「類比法」，可以開展出「非情節式」的極短篇。

第三，就創造力教學而言，極短篇創作，可以經由「習慣改變法」，開拓學生的多元思維，培養莘莘學子「認知」的敏覺力；經由「歸因法」（具體與抽象之間）、「類比法」（事件與事件之間），培養其「認知」的變通力（「有效反應類別的總數」）；經由「矛盾法」（尤其是雙種意外）、「辨別法」（見人之所罕見，言人之所罕言），培養其「認知」的精進力（「反應的精緻化」）；經由「重組法」（尤其能組合出多種結局），培養其「認知」的流暢力（「有效反應的總數」）；最後，莘莘學子能別具隻眼，拈出新題材，提出新思維，見人之所未見，言人之所未言，戛然標新，展現「認知」的獨創力（「反應的稀有度」），則為創造力的最高指標。凡此創造力（「認知」五力）的教學設計與訓練，當為極短篇創作教學的明確目標，值得有心之士，共襄盛舉，拓植今後極短篇創思教學的天空。

極短篇的「意外」

一、前言

「意外」是引爆極短篇「好奇與想像」的雷管，是黑沉沉夜空中瞬間綻放的繽紛煙火，深深吸引讀者目光。同時，「意外」也代表一種思考的活絡，打破慣性機械反應，偏離單一固定模式，運用超常組合，拓展更多的可能，挖掘厚積內蘊的新趣。以「一加一」爲例，可以有不同的思維方式：

⑴ 1＋1＝2（十進位）

⑵ 1＋1＝10（二進位）

⑶ 1＋1＝11（空間排列）

⑷ 1＋1＝X＋2（X是未知數，代表視情況而定）

又如「假定樹上有十隻鳥，用槍打死一隻，請問還剩幾隻？」，答案可以是：

⑴一隻也沒剩（其餘九隻聽到槍聲，都飛走了）

⑵還剩兩隻（有一對是「比翼鳥」同生共死，不肯走，其餘的被槍聲嚇走了）

⑶還剩九隻（因爲獵人用減音手槍）

可見經由不同條件、不同變數、特殊組成、特殊觀點，勢必製造出不同「意外」，形成不同結局。

二、「為意外而意外」的迷思

雖說「意外」是極短篇的鮮明特色之一，但極短篇不等於「意外」，不等於「意外專賣店」，以匪夷所思、無厘頭、不按牌理出牌爲唯一訴求。諸如「腦筋急轉彎」的問題設計：

(1)約翰和茱麗裸體橫陳於客廳中，雙眼圓睜，命案現場留下一攤水和碎裂的玻璃，猜猜他們死因。

(2)有一天來富看到地上有張千元大鈔和一根雞骨頭，爲什麼來富不爲仟元大鈔所動，反而去撿雞骨頭。

第一題答案爲「約翰和茱麗是兩尾魚」，第二題答案爲「來富是一隻狗」。似此「擬人」的意外，旨在混淆視聽，故意誤導，造成錯覺；純屬「語言的意外」，博君一粲，毫無深意可言。又如坊間笑話：

(3)客人：「有沒有豆漿？」
老闆：「有！」
客人：「有沒有米漿？」
老闆：「有！」
客人：「好！那來杯冰紅茶！」

(4)我最討厭兩種人：一種是種族歧視的人。一種是黑人。

第三例中，客人最後點的飲料和他問的完全不同，完全和一般顧客點東西的正常問話背道而馳，猶如精神病患言語錯亂，令人啼笑皆非。第四例乍聽之下，正氣凜然，胸襟廣闊，頗有「四海之內皆兄弟」的平等觀。結果，開高走低，雖信誓旦旦，然虎頭蛇尾，自相矛盾，確實讓人哭笑不得。唯此亦屬「語言的意外」，絕非極短篇「極短小精悍」之正軌。

須知「意外」是極短篇的副產品，並非其最重要的訴求。一味濫用巧合，故作驚奇，爲意外而意外；猶如短線炒作，缺乏豐贍內涵，盡成單薄膚淺之作。小而不深，小而不美，無疑斲喪極短篇的生機，窄化極短篇的多元面貌。

三、人性深處湧出的「意外」

不管極短篇的意外，是「敘述視角的意外」或「情節設計的意外」，極短篇一定要與眞實人生連線，與人性沃土接壤，才能根深實邃，花果蔚蕃，自成珠璣錦繡。

只有奠基於人性深處的「情理」，才能開出極短篇芬芳的花朵。簡政珍〈諷刺性的鏡頭〉（《電影閱讀美學》，書林，1994）指出：

一個身材肥胖的大塊頭被惡徒脅迫到麵包店去偷錢，他打開抽屜拿了錢後，看到櫃枱上有些麵包，他把麵包也帶走，但隨即回頭，從口袋裡掏出一個銅板，放在櫃枱上。

短短幾個鏡頭非常感人。他被逼做壞人，但卻在小動作中顯現本性的良善。他本能掏出錢，暗示他了悟「買東西要付錢」的常理，雖然他所付的錢是剛剛從抽屜偷來的錢。這一景讓人感到人性的溫暖面，但這種溫暖卻藉由反諷來凸顯。諷刺和反諷因此有其積極性的意義。

可見精彩感人的極短篇是「單一的豐富」，永遠在「人心唯危」與「道心唯微」的強烈撞擊間迸出人性的火花。或誤打誤撞，或愛深責切，或一時疏忽，或一念之不察；結果好心做壞事，在在印證了生命中的弔詭律則：世上沒有完美的人，只有完美的動機。

當然，深刻雋永的極短篇莫不掀開人的假面，直指靈魂深處，洞悉人性的茫昧與真實。朱津寧〈掌握美德與虛榮之間的界限〉(《新厚黑學》，聯經，1993）所述「娼妓與神父」一則，即爲出色極短篇的情節：

印度有一位神父住在一個娼妓的街對面。每天，他走進屋做祈禱、潛心修行的時候，都瞅見眾人們從那個娼妓的屋子裡進進出出。他也瞧見那個女人親自迎來送往。每天，那位神父總要想像和深思在那個妓女房間發生的可恥行徑，他的心中對那個女人傷風敗俗的行爲總是充滿著強烈的反感。

每天，那個娼妓都看見那位神父在修行練道。她總想這是多麼純眞無邪，能把時光花在祈禱和修行上該有多好啊！「可是，」她嘆息道，「我天生就是做妓女的命。我的母親是個妓女，我的女兒也將是個妓女，這個世道就是這麼回事。」

那位神父和那個娼妓在同一天去世，他們兩人一塊兒面對最後審判。令那位神父深感吃驚的是，他因為自己的邪念而遭到了譴責。

「可是，」他不服氣地爭辯道，「我的一生是清白的。我把自己的白晝都用來祈禱和修行。」

「不錯，」審判者說，「但是，當你的軀體在修行養性時，你的心在作邪惡的判斷，你的靈魂被你好色的想像玷污了。」

那位娼妓由於自己的純潔受到了褒讚。

「我不明白，」她說道，「在我的一生中，我向每一位出了錢的男人出賣我的肉體。」

「妳生活的處境把妳置身於妓院之中，妳出生在那裡，妳的力量使妳無法從事別的職業。不過，當妳的身軀在進行卑鄙的行為時，妳的心靈總是純潔的，而且一直在默默地思索著那位聖人祈禱與修行是純眞無邪的。」

全篇藉由雙線結構的反差（亦即佛斯特「鐘漏形」圖式），形成意外轉折。神父雖置身聖壇，眼中無妓，然心中有妓；妓女雖身處污地，卻如出水蓮花，心中粹然純善。兩相對照，神父先揚後抑，妓女先抑後揚，構成強烈反諷，呈現浮世繪的繁複眞實，直指人性「是非關係不穩定」的曖昧空間。

四、結語

綜上所述，可見極短篇的「意外」，不應像亮光玻璃，只有「意外」的聚焦，全篇清澈單薄，了無餘物；而應像精緻的陶壺，入口雖小，卻腹地寬廣，別有洞天。除了「意外」，尚有情意的雋永、眞諦的揭示，浮動人性的光輝，彰顯人生的嘲諷。

至於精彩極短篇的「意外」口感，並非以小寫小，以短寫短；而是以大搏小，以短（瞬間）寫長（一生）的高度濃縮，呈現生命豐厚的原味。以一碗雞湯爲喻，絕佳的極短篇不是用隻雞翅或雞塊即可，而是用全雞慢火細燉熬製，萃取精華所得。這樣的湯頭，自然滋深味美，頰齒留芳，回味無窮。

極短篇的結局與結尾

一、前言

極短篇是多方折射的水晶球，經由不同視角的捕捉，可以映照不同面向的光輝。同樣，經由作者不同的領略與捕捉，也可以產生不同的結局，爭奇鬥豔，形成萬花筒般的富麗繽紛。

二、結局

論及極短篇的結局，緣由情節處理的差異，有三種類型：

㈠單一結局

封閉性的結構，有一個固定答案，畫下句點，懸而有決。

㈡沒有結局

用開放性的結構，沒有固定答案，只留下疑問號，懸而未決。

㈢多重結局

由歷時的主要事件，開展時與時的不同答案，留下刪節號，帶出多種可能，懸而多決。

大凡不同結局、不同的處理方式，代表不同的小說觀念。就因果關係而言，「單一結局」注重一因一果，「多重結局」注重一因多果，「沒有結局」注重原因的形成。換言之，單一結局強調「轉折」的變化，「意外」的強度；多重結局強調「轉折」的多元，「意外」的豐富；「沒有結局」強調「形成」的過程，「形成」的迴旋意涵。

大凡「單一結局」聚焦「原因」、「過程」、「目標」的統一與變化，力求峰迴路轉，柳暗花明，最後千里結穴，一錘定音的震撼；「多重結局」聚焦「原因」、「過程」、「目標」開展中的「雙襯」(對同一個人、事、物，用兩種不同觀點加以敘述安排)、「三襯」、「四襯」不等，呈現羅生門似撲朔迷離的趣味；反觀「沒有結局」，聚焦「原因」、「過程」，於是「過程本身即是目標」，「過程形成即充滿意義」，不在於「結果」如何。

由上觀之，可見「單一結局」的重點，在於事件強度的撞擊，尤其藉由雙重意外（包括「情節」本身、「敘述者」本身），形成戲劇張力；「多重結局」的重點，在於事件開展的多樣化，藉由情節多元演變，敘述觀點不同切入，形成廣角視野的探索；反觀「沒有結局」的重點，在於事件形成的聚合、因緣的凝視，藉由情節的減弱、情境的凸顯，形成意義的擴大與深化。極短篇就在這三大類型的結局中，相激相盪，交織「極精彩」的藝術性，揭示「極精悍」的批判性與創造性。

三、結尾

極短篇的結尾，片言居要，堪稱有機結構的「豹尾」。如果說美麗的「鳳頭」，是極短篇「成功的一半」，善於抓住讀者眼光；那麼精悍的「豹尾」，則是極短篇成功的「另一半」，講究一錘定音，響亮入耳，回味無限。

所謂「豹尾」，以鞭炮爲喻，是引信點燃的「瞬間爆破」，而非爆破後的「滿地碎屑」；是爆破時的「見好即收」，而非爆破後的「狗尾續貂」、「蛇足拖戲」。似此「戛然而止」的拿捏，「餘音裊裊」的控勒，即極短篇「豹尾」本領之所在。

㈠以〈釣金龜〉爲例

姚藝眞〈釣金龜〉，收入蔡羅東等《極短篇3》（聯經，1982），標題乍看爲「釣金龜婿」的故事，其實不然：

他，獨自走在這條僻靜的巷路裡。越過一盞盞昏黃的路燈，他的影子投射在地面上，一會兒拉長，一會兒縮短……。

他就這樣瞄著自己的影子往前走去。當影子再度變短的一剎那，他發現地上有一張綠色的鈔票，——剛才被自己拉長的影子遮著，所以沒有注意到。

他的眼睛一亮，一百塊錢呢，不知是誰丟失的？如果是一個有錢人，那不過是九牛一毛；但要是失主是窮人，倒可以買幾斤米呢！

如果是成千上萬，倒可以送到警察局去招領，也算是拾金不昧，樂得作一樁好事！而這區區一百元，警察不會嫌太多事嚒？

管它呢，何必多管閒事！他繼續往前走去，但腳步慢得多，好像那張鈔票有一股磁力，把他給吸住了。

如果我不撿，還不是給別人撿了去？不撿白不撿，拿這一百塊錢，買樣玩具送給小孫子，一定樂得不得了！

走了幾步，他又轉身走回頭，那張鈔票仍然躺在那裡。他前後左右看看，路上一個行人也沒有，旁邊有一扇門半開著，裡面靜悄悄地，一點動靜也沒有。

他用腳尖撥動鈔票，心跳得厲害，就是彎不下腰去。

怕什麼？就是被人瞧見了，也以爲我是在撿自己的鈔票呢。經過一番掙扎，他終於鼓足了勇氣，俯身伸手去撿。

那鈔票忽然動了，偏偏在這節骨眼上起了風？他追上兩步，還是沒有撿到。

原來不是風，他看清楚了，那鈔票是用一條細黑線繫著，現在正被拉回那扇半開的門裡去了。從門後傳來一陣孩子清脆的笑聲：

「嘻嘻！眞好玩，又釣了一只金龜！」

他感到臉上臊熱，喉嚨發乾，不知如何自處。

本篇的優點有二：

1. 發揮題目「雙關」趣味。所謂「釣金龜」，非一般

「釣到金龜婿」的快意，而是「釣到拜金之龜」的戲弄。

2. 善於描寫人物心理。第二段至第八段，細膩捕捉「撿」與「不撿」的「掙扎」與「合理化」的心理自衛機轉。其中意識的流轉變化，相當貼切。

至於本篇結尾有明顯缺失。大凡結尾宜求戛然而止，簡潔有力。因此，整篇寫到：「嘻嘻！眞好玩，又釣了一只金龜！」就可畫下句點。換言之，最後一句「他感到臉上臊熱，喉嚨發乾，不知如何自處。」可以刪去，不必再寫。這樣的刪去，正是「字去而意留」，更顯拿捏控勒的精準，即能令人莞爾會心。

㈡以〈小白豬〉爲例

李捷金〈小白豬〉，收入陸正鋒等《極短篇1》（聯經，1979）。今選入國中國文課本：南一版第一冊第十二課，康軒版第一冊第十課。

家中小白豬失蹤之後，媽一直很氣惱。

當初媽決定買這條白豬來貼補家用，爸叨嘮半天，說了一大堆，媽氣不過了，咬牙用存了很久的私房錢買下。沒想到一時疏忽忘了關豬柵，居然給牠逃跑了，媽爲此自怨自艾難過了好幾天，媽的心情不好，家中靜下來，我和爸講話都得小聲小氣的。

一個多禮拜以後的一天，我在客廳，媽在廚房忙。突然，碰的一聲，爸撞開門衝進來，「看！這是什麼！」爸兩手舉得高高的。

「小白豬！」我和媽同時大叫出聲來。

爸把牠送到媽面前，邀功似的：「我在湖邊找到牠的時候，脖子上還套根繩子，可能是鄰近小孩抓到了養著玩，玩膩了才放牠回來的。」

接過小豬，媽一遍又一遍地撫摸著牠滿是泥巴的頭，竟流下淚來。

爸走過去，一反平日粗聲粗氣，溫柔地輕攬她肩頭。媽臉有些紅，輕躲開爸的手，擦擦眼淚，掩飾的說：「我看看飯好了沒有。」

客廳裡只剩下我和爸，他把頭舒服的靠著椅背。我說：「爸，可惜這隻嫌小了點兒。」

爸從椅子上跳了起來，震驚地瞪著我。

我笑笑：「昨天我看到你去找古叔公的。」

「好傢伙，」爸一邊笑一邊摸口袋想找煙，又頹然的搖搖頭：「我從你媽『配給』我的煙錢裡東扣西扣好不容易才省下來的『私房錢』，這下倒好，得戒煙了。」

我走到廚房，媽在炒菜，「好大的油煙。」她撩起衣襟，擦拭一下眼睛。

「你爸和你說些什麼？」

「沒有。」

「眞的沒有？」

我心虛的垂下頭：「什麼也沒有。」

「大概是說這隻豬怎麼弄來的吧，」媽說，「他也眞傻，豬是我養的，怎麼會認不出來呢？」她彎腰摸摸小豬的頭，神采煥發，彷彿年輕了許多：「倒是我和你爸生活了四十年，居然不知道他有這麼好的演戲天才。」

離開廚房，背後媽的聲音傳來：「告訴你爸，衣櫥裡有我以前替他存的兩條長壽。」

門外，爸躺在搖椅上，面對著滿天雲彩的黃昏。

本篇的優點有二：

1. **藉對話帶動情節**。發揮對話的積極功能，帶出情節的意外發展。第一層意外是爸爸自以爲聰明的「白色謊言」，李代桃僵；第二層意外是媽媽雖識破「白色謊言」，並不當場拆穿，反而「投桃報李」，更見高招。

2. **藉對話帶出情意**。全篇善用對話的折射功能，話中有話，帶出爸爸的「用心良苦」，更帶出媽媽悲喜交集後的「細心窩心」。最後，帶出「愛人者人恒愛之」、「體諒人者人恒體諒之」的溫馨之情。

至於本篇結尾，可商榷者有二：

1. 自「戛然而止」而言，可以考慮至：「告訴你爸，衣櫥裡有我以前替他存的兩條長壽。」即結束。最後一行可省略，力求經濟。

2. 自「餘音裊裊」而言，保留最後一行，以景定格，召喚飽滿而沉默的情意。只是全篇最後一句「面對著滿天雲彩的黃昏」，過於靜態，過於空泛；可以再加潤色（如：「臉上的皺紋映照著黃昏的亮彩。」、「臉上的皺紋都鑲著金黃的光澤。」）讓遠鏡頭的定格，一躍而爲鮮明特寫，更見律動、寓意。

四、結語

綜上所述，可見極短篇的結尾有兩類：**一是戛然而止，揭示答案，言盡而意盡；二是餘音裊裊，以景作結，言盡而意不盡**。前者致力情節發展，以「意之不測」見長；後者兼及情境渲染，以「情之幽微」勝出。

其次，就〈釣金龜〉與〈小白豬〉相較，明顯看出〈釣金龜〉的效果在「趣」，〈小白豬〉的效果在「味」。前者僅見「魔鬼小天使」作弄人的「惡趣」、「無聊」，後者則爲「老夫老妻」相濡以沫的「深情」、「體貼」，可見除了結尾外，在「立意」（情、理）的深度上，〈小白豬〉均勝〈釣金龜〉一籌。

質實而言，〈釣金龜〉中的「魔鬼小天使」將「巷路」當作「人性的釣場」，認爲「人性是禁不起誘惑的」。似此「試探人性貪婪的遊戲」，讓陰影到沒有陰影的地方（「天下烏龜皆拜金」），其心可誅。反觀〈小白豬〉中的「老夫老妻」，互爲溫暖的光體，照亮對方，充分展現「分擔」、「照顧」、「瞭解」的積極性格。似此「你疼我一尺，我回你一丈」的感召，「你待我一丈，我待你天上」的回報；讓陽光到陽光沒照到的地方，雖是小人物小事件的「用心良苦」，但「用心良苦不成空」的「回甘」，卻是最豐美的親情饗宴，淡而有味，味之無極。

極短篇的比喻

極短篇中的比喻，當爲奕奕精光的配件與樞紐，發揮解說、暗示的功能，往往形塑氛圍，留下伏筆。看似無足輕重，卻是知秋之一葉，動全身之一髮；絕非不相干的孤立存在，可以隨隨便便拆下來，棄之不用。

好的比喻每每片言居要，以配合整體之協調性、豐富多義之暗示性見長。這樣的比喻，省略筆墨，渲染氣氛，影射人物心理，增添閱讀的美學效果。莊信正〈風吹〉（《展卷》）即指出福樓拜《包法利夫人》中出色的描寫：

愛瑪．包法利自作多情，丈夫偏偏不解風情，她漸漸地把持不住，情場老手羅道夫乘虛而入，趁農業展覽會進行頒獎典禮的鬧烘烘場面施出慣技來勾引她。先是擠握她的手，「覺得它暖暖地顫動著，像隻被捉的斑鳩想要繼續飛翔。」愛瑪沒有縮回手，羅道夫連聲道謝，接下去就是上面引的這段文字（一陣風穿過窗子，吹縐桌布；下面廣場上農婦的大草帽全給吹了起來，如白蝴蝶的翅膀翩翩搧動）。它在上下文間有暗示作用；風不但吹縐桌布，也吹縐愛瑪的春心，使之忐忑顫動如蝴蝶的翅膀。但純從文字上看，短短幾句話意象貼切，摹寫逼眞。先已經是出色的素描，而這樣的筆法在

《包法利夫人》處處可以看到。

可見高明的比喻，於情節之推衍間，既承上啓下，又別具內蘊，充分發揮「比喻」的經濟效用。同樣在極短篇中，作家無不善用比喻。此亦即瑪仁・愛爾渥德（Maren Elwood）所謂：「寫作小小說應多用能製造意象以及能激發情緒的文字」（丁樹南編譯《小小說的寫作與欣賞》），而比喻無疑是其中利器。如：

1.

是一個秋陽眩人眼目的午後。他在東京街上走著，巧遇同鄉，於是應同鄉之邀，在同鄉投宿的大飯店的咖啡廳裡，閒聊鄉情。

「台北，如今怎樣了？」

「一切如常啊，台北。東京呢？」

「東京居，大不易啊……」

這樣的午後令他愉快，也覺得踏實。

及至話題像杯子裡的咖啡一樣漸露了底（其實服務生也不知添了多少次了），秋陽也早已隱到對街大樓背後，而大飯店裡那種輕柔得似有若無的音樂聽起來不由得叫人生起鄉愁，他便不敢再坐下去，毅然告辭而去。（柏谷〈雲，在天邊〉，聯經《極短篇》⑦）

2.

台上的人相繼走到麥克風前，慷慨激昂地道出他們的見解、抱負。他早已非常熟悉這些論點了，再次聽到，心頭卻仍是一片激動不已、無限感傷。他們每說到精彩處，群眾歡聲雷動，彷彿美景已經在望。他們身上斜披著的紅帶子，遠遠望去，好像一道深深的創痕。他們非常清楚心底淌血的滋味。（思理〈唱〉，《思理極短篇》）

第一例藉由「話題像杯子裡的咖啡一樣漸露了底」的比喻，既寫喝咖啡續杯之實景，又寫「話題雖多，話已有限」的擱淺情況，理當興盡而止。第二例中「他們身上斜披著的紅帶子」，是眼前實景，「遠遠望去，好像一道深深的創痕」是心中感觸。於是，由實入虛，搖曳情節，帶出政治犯當年不堪的記憶。凡此，即以比喻為銜接過場之樞紐。

至於篇末的比喻，則往往總綰全文，人物雙寫。又如何華極短篇〈小章〉（聯經《極短篇》⑨），述說高高瘦瘦的小章追求自己（敘述者）妹妹，妹妹無動於衷，小章不以為意：

知道我們一家人都愛吃蘋果，所以每次上門總忘不了拎上一袋，且總是掛在妹妹房門背後的釘子上。

結果妹妹仍不領情。最後，妹妹明白回絕小章。小章也不再出現。結尾：

現在妹妹又有了新的男友，衣著很入時，上門拎的東西也豐富了，什麼雀巢2＋1、古井白蘭地。他和妹妹在房裡說著笑著，門背後「小章的蘋果釘」靜靜地待在那，如同秋日裡最後一朵白菊，瘦瘦地開，瘦瘦地謝。

這樣的比喻「如同秋日裡最後一朵白菊，瘦瘦地開，瘦瘦地謝」，既寫小章，又影射夭折的單戀；自「小章的蘋果釘」展開相似的聯想，收束全篇①。又如鄧榮坤〈咸豐草〉(《聯合報》第十三屆短篇小說獎）述說主張無神論的他，礙於母親生病，一定要他去山上土地公廟燒香拜拜解厄，他心不甘情不願，只好前行。最後，在土地廟東的竹林裡點燃壽金：

無奈，徬徨的眼神在不停的回首中，顯得焦慮與不安。他突然躲進一棵低矮的杜鵑花叢裡，汗珠自額際滴落下來，唏嗦唏嗦的腳步聲由遠而近……汗珠一顆顆滴下，掌心沁出汗水。

一隻狗，走近了燃燒著壽金，而灰燼隨風飄舞的竹林，嗅了嗅又走遠了。他癱瘓在杜鵑花叢下，粘在褲管上的咸豐草種籽，像銳利的眼睛望著他。

聽到逼近的腳步聲，他嚇得躲進杜鵑花叢，兩腿發軟。而後才發覺虛驚一場，原來只是一隻狗而已。結尾「粘在褲管上的咸豐草種籽，像銳利的眼睛望著他」，一爲咸豐草種籽銳利尖形的描寫，一爲內心世界的幽幽顯影。原來無神論只不過是口頭學問，根本經不起檢驗，稍後風吹草動，便杯弓蛇影。咸豐草種籽銳利的眼神，正看穿他靈魂的假面，無所遁形。於此，若刪去省略這個比喻，除了無法和前文(「如蝦前爪而黑色、細小、乾枯的咸豐草種籽，粘滿他的褲管」、「咸豐草緊緊地在他的褲管上零亂地散開」）相呼應外；亦無法藉咸豐草種籽，逼視一己靈魂之虛僞，將比喻的暗示性發揮出來。

當然，極短篇中最好的比喻要能向篇章延伸，進而能在意象塑造中，自成系統，直指象徵世界。胡菊人於〈小說文字之特性〉指出：「喻象是種籽，是可以長大的。它會一路擴展成長，一級級上去，發揮文學語言中一種特殊的強大融攝力」(《小說技巧》，遠景，1978)，所謂「特殊的強大融攝力」，即指比喻的運用，既可感又知性，既獨特（殊相）又普遍（共相），綻放飽滿的象徵意涵。此亦韋勒克．沃倫所云：

> 一個「意象」可以被轉換成一個隱喻，但如果它作爲呈現與再現不斷重複，那就變成了一個象徵，甚至是一個象徵（或者神話）系統的一部分。（劉象愚等譯《文學理論》，南京：江蘇教育，2005，頁214）②

可見如何善用比喻，尤其是比喻中的借喻（將「本體」、「喻詞」省略，只剩下「喻體」)，與意象接軌相綰，如何發揮相似、相關的內蘊，顯然是極短篇應走的方向。有興趣者，可披閱渡也極短篇名作〈永遠的蝴蝶〉（本篇賞析，可參筆者《極短篇的理論與創作》，爾雅，1999，頁208～212)。

二〇〇二年二月《國文天地》二〇一期

注①：人物雙寫之作，另有思理〈曇花開過〉(聯經《極短篇》⑨)、羅英〈繩子〉(《明天買隻貓》) 等。

注②：此書另有王夢鷗、許國衡譯《文學論》，台北：志文，1976，頁308。

極短篇的語言藝術

一、前言

極短篇是充滿活力的語言建構，強調「以少總多」（Less is more）的空白藝術，注重「飽滿的沉默」，發揮「不說的比說的多」的言外之意，力求短小而精悍。

二、語言藝術

極短篇在語言的運用上，可說者有三：第一、塑造律動情境；第二、強化人物心理；三、深化對話與獨白。

㈠**塑造情境**：即展開「感官總動員」，讓「外部知覺」（視覺、聽覺、觸覺、嗅覺、味覺）律動化，化被動爲主動；讓「內部知覺」（心覺、意念）形象化，把抽象情思化成讓人有感覺的律動形象。如：

1.

好像有一個世紀那麼長。山崩地裂般的突撞、掙扎終於停止了。老師邊哭邊跑出房間，她先生死死地躺在床上沒有追出來。老師在廚房裡開了水龍頭、又關了水龍頭。在我們來不及防備前，她推開後門走了出來。她的抽搐聲痙攣地朝我們撲來……」（楊照《紅顏．那片蒼鬱的山林》）

2.

她斬釘截鐵地說：「去墾丁！」然後叭一聲把床頭擰熄，轉身背對他，曲捲身體，好像這樣她會離他更遠些。

「那我明天去請假，後天就去。」他的聲音有氣無力地爬越綿延在他們之間的黑暗。（鍾玲《鍾玲極短篇·四合院》）

二例中最後一句，均是有關「聲音」的描寫。第一例如將「抽搐聲痙攣地朝我們撲來」寫成「響起痙攣的抽搐聲」，第二例如將「聲音有氣無力地爬越綿延在他們之間的黑暗」寫成「黑暗裡響起他有氣無力的聲音」，則無法強調特殊情境的感知，喪失原作的新鮮語感。就修辭而言，二例中的「聲音」描寫，實爲「聲音」的擬人；讓「外部知覺」的客體，得以藝術加工，刷新描寫語感。

㈡**強化人物心理**：藉由「移情作用」，藉由「局部變形」，刻畫心理的強烈眞實，呈現內心的「異想世界」，形成陌生化的描寫。如：

1.

「可怪的是，他們竟迅速協議，願意繼續接納我——同時也接納伊。」

「只是，不久之後，伊畢竟也離開了我。」

故事說完，他澀澀地乾笑了兩聲；她聽得出笑聲裡的感傷，但仍還給他個輕淺的微笑。

順手捻熄香煙時，她依稀聽見煙灰缸喊痛的聲音。（徐錦成《快樂之家．熄》）

2.

走到門口，男的突然宣布什麼似地對女孩說：「明天去試禮服吧。」她聽見滿桌的三明治不約而同吃吃笑開來。（詹美涓〈三個人的早餐〉，《聯合文學》一一九期）

二例中最後一句，均寫「聽見」的感受。第一例如在「順手捻熄香煙時」，接下來寫說「煙灰缸靜靜不動」；第二例如在「明天去試禮服吧」，接下來寫成「留下滿桌未吃完的三明治」，則只變成客觀寫景，整篇結尾頓時鬆軟歇弱。反觀原作描寫，能主觀造境，逼出人物強烈的心理眞實（「痛」、「吃笑」），振起全篇精神。就修辭而言，二例中的「聽見」，是「物象的誇飾」，是虛擬實境的「懸想的示現」，點出全篇主旨。似此手法，看似結合擬人，但比起「塑造情境」中的單純造境描寫，更見幽微靈動。

㈢**深化對話與獨白**：藉由對話的「話中有話」，藉由對話的「冰山理論」，揭示人物的深層意涵，兜出另有所指的餘音裊裊。如：

1.

放下耳機，氣恨得媽媽叨唸起老話兒。說爸爸怎麼欺侮她一輩子。說他年輕時候最愛勾搭野女人，說：

「像那年到外地辦事，他一去半年多。可是那天晚上到家，他卻倒頭就睡！後來知道，他中午已回到鎮上，卻跟個野女人混到天黑！你們說，氣人不？」

大女兒說，那年月媽又年輕又漂亮，幹嘛不提起箱子離開？當年既原諒了，現在又吵得出什麼？

「說得簡單！那時候早有了你們四個，你才十歲！我能丟下就走？還不全是爲了你們！鬼才原諒他。」（子于〈愛情彌深〉，隱地編《爾雅極短篇》）

2.

突然，那男人放開手，沿著牆外緣向一端奔跑起來，越來越快，到了盡頭，縱身一躍，撲下了街心……

……

她猛吸了口氣，緊閉上眼，心口急速地敲擊著。

不知過了多久，耳邊響起同事走過來的聲音：

「咦，那男人呢？警察呢？都散了？鬧劇演完了吧？」

她懵懵懂懂站起來，跟他們下樓去餐廳，這才以幾乎聽不見的聲音，喃喃自語：

「無論如何，他的戲，了結了。」（張至璋《張至璋極短篇．窗外》）

兩例中的結尾，均是「語盡而意不盡」。第一例中「鬼才原諒他」是老夫老妻間的氣話，亦即「我可不原諒他」，但氣話往往是「倒辭」（言語的反諷），不能當眞。第二例中爲目擊者「她」的獨白。所謂那男人「無論如何，他的戲，了結了」，正是女子「傷心人別有懷抱」、「同是天涯淪落人」，不免觸景傷己。反觀自己的戲，則「歹戲拖棚」，拖拖拉拉，難以了結。似此話只說一半，則是修辭中的「婉曲」，吞吐醞釀，情餘句外。

三、結語

極短篇是「極簡」的藝術。「簡潔」是極短篇的靈魂，既包括情節設計的簡潔，亦包括語言藝術的簡潔。

由此觀之，極短篇的本領在於「善刪」(「善刪者字去而意留」)、「善裁」(「增之一分則太長，減之一分則太短」)。運用在語言藝術上，首先，塑造情境，貴於生動，改變敘述觀點，自對面寫來。其次，強化人物心理，貴於強烈眞實，擅長「客觀的投影」(「凡景語皆情語也」)。最後，深化對話與獨白，貴於耐人尋味，善用「創造性的空白」(篇末藏意，句中藏字，字中多義)。凡此即極短篇在敘述描寫上的重點所在，值得貼切斟酌。

極短篇與禪宗故事

就廣義而言，所有的閱讀，所有的語文感知，都是創造性的積極參與，形成豐富的「悅」讀之旅，別有會心，別有創發。就狹義而言，藉由創思教學策略，運用明確的認知思維，立足於常識、知識，發皇於見識，形成「感性——知性——悟性」的深度探索，則爲「有想法，有方法」的創造性閱讀。

茲以李普士（Ali Paul Reps）編《禪的故事》（志文，1990）爲例：

某次，坦山與一道友走上一條泥漿路，此時，天上仍在下著大雨。

他倆在一個拐彎處遇到一位漂亮的女郎，因爲身著綢布衣裳和絲質的衣帶而無法跨過那條泥路。

「來吧，姑娘。」坦山說道，然後就把那位女郎抱過了泥路。

道友一直悶聲不響，直到天黑掛單寄宿，才按捺不住地對坦山說：「我們出家人不近女色，特別是年輕貌美的女子。那是很危險的。你爲什麼要那樣做？」

「什麼？那個女人嗎？」坦山答道，「我早就把她放下

了，你還抱著嗎？」（徐進夫譯）

就創造性閱讀而言，可自禪心與文心接軌、禪心與創思會通的角度加以檢視。

一、禪心與文心接軌

一則禪宗故事，亦可視爲「一個雋永的極短篇」（非馬〈兩僧人〉）。這則故事流傳於十九世紀日本明治年間，坦山（非馬譯「丹山」）是東京地區禪師。面對同行道友（非馬稱「役道」）的質疑，坦山快人快語，提出言簡意賅的回答。一錘定音，猶如當頭棒喝，發人深省；猶如撥雲見日，照見生命的暗角。

自極短篇的藝術性觀之，本篇的優點有二：㈠情境統一。「泥漿路」的場景，「下著大雨」的場景，正渲染著生命的雨季」，指涉著「困境」的整體氛圍，有其象徵的功能。㈡內蘊充足。坦山的回答，趣味橫生。有「意之不測」的轉折之趣，更有「理之乍顯」的深刻之味；完全展現極短篇「極短小精悍」的文體特徵。如此一來，禪心與文心接軌，立人與立言條貫，禪宗故事（公案）並非無厘頭的機鋒（野狐禪），極短篇也並非瞎掰搞笑的愚弄讀者之作。

二、禪心與創思會通

自禪宗故事中人物的思維觀之，同行道友（「役道」）運用「矛盾法」（發現各種自相對立的陳述或現象），對坦山提出質疑：出家人不近女色，抱起穿和服的少女過泥漿路，正是違規犯戒，非修行正道。

反觀坦山亦運用「矛盾法」（發現一般觀念未必完全正確；發現各種自相對立的陳述或現象）加以澄清辨別：他當下承擔，沾而不滯，雖「似非而是」；同行道友則心繫牽念，不沾而滯，卻「似是而非」。

兩相比較，同行道友停留在「形式邏輯」的對立，無法邁向「辯證邏輯」的「對立的統一」；坦山則打破靜態的「是非關係很穩定」，邁向動態的「是非關係不穩定」。換言之，同行道友只知「一般」的、「表面」的矛盾，不知「特殊」的、「實質」的弔詭；只知「單一」、「正說」的眞理，而不知「統一」、「逆說」的眞理；只知自「片面」、「定點」的角度加以批判，而不自「全面」、「變化」的角度加以透視。與坦山的修行相比，兩人自然高下立判，有雲壤之別。

至於坦山的回答，在運用「矛盾法」之餘，兼用「激發法」（引發探索知識的動機；探索並發現新知）。藉由「我早就把她放下了，你還抱著嗎？」的激問，借力使力；助同行道友打開僵化的癥結，揮別拘泥的偏執，跨越思維的泥濘，向上提升，走向更融通更寬廣的境域。

三、創思與潛能開發

創造性閱讀，貴於開發學生創造潛能、促進創造性思維、形塑創造性人格（王尚文《語文教學對話論》，浙江教育，2004）。藉由此則禪宗故事，值得省思者有三：

㈠在開發學生創造潛能上

教師宜善用「激發法」，引導學生「發現問題」，引導學生進一步的探索。一個好的激問、提問，便是呼喚學生創造性閱讀（讀進去，讀出來）的契機。猶如坦山對同行道友的「激發法」，導而弗牽，牽而弗抑，抑而弗達，激發莘莘學子「誤讀」或「悟讀」的創造潛能。

㈡在促進創造性思維上

教師宜善用創思教學策略，引導學生「解決問題」，引導學生「有想法」、「有方法」的逐步解決。至於在教學策略的運用上，宜注意每一個策略的層次性與策略之間的統整性。以「矛盾法」爲例，即有兩個層次：第一、表面矛盾、對立（形式邏輯）；第二、實質上不矛盾，對立的統一（辯證邏輯）；依序開展，先後轉化。教師可指出同行道友和坦山在運用時的差異，讓莘莘學子的思維更爲深刻，更爲嚴謹。同時，在引導過程中並挹注其他策略（如：激發法、辨別法、變異法、習慣改變法、重組法等），強化、深化莘莘學子創造性思維。

㈢在形塑創造性人格上

教師宜善於抓重點，引導學生「創造性」的「解決問題」，涵泳新穎、務實、開放、勇銳的創造性人格。以此則禪宗故事爲例，值得討論的重點有二：第一、創造性人格，發現問題，面對問題，解決問題；力求單刀直入，當下即是

「第一時間」馬上處理，絕不拖泥帶水，閃躲敷衍（「開而不會，會而不議，議而不決，決而不行」）。引申至生命教育上，即「傾宇宙之力，活在眼前的一瞬」。林清玄〈一朵花，或一座花園〉闡發此義：「過去是無可挽回的，未來只是一場夢，兩者都是虛空裡的舞花，再美，也比不上現在跨越的泥濘之路。」（《寶瓶菩提》，九歌，1989）相當貼切。創造性人格，休戀逝水，勿眺遠山；念茲在茲，專注眼前泥濘，思考如何從泥濘中跨越。第二、創造性人格，多自「興利」出發，不自「防弊」出發；多自「大處」著眼（「大德不踰閑，小德出入可也」），不自「小處」著眼（「小德不立，大德焉立」）；多戴黃色思考帽（正面肯定）、綠色思考帽（創意），不戴黑色思考帽（負面否定）；多用「好的眼睛」來看世界（「以人為可愛，而我亦可愛矣」），不用「壞的眼睛」來看世界（「以人為可惡，而我亦可惡矣」）。由故事中同行道友的「製造問題」，內耗空轉；走向坦山的「解決問題」，養成積極、充實、朗暢、融通的生命格局。

由此觀之，創造性閱讀是感性的復活、知性的成長、悟性的召喚，讓莘莘學子在語文的工具性、文學性、文化性中完成一趟豐美的心靈之旅。

極短篇與七言絕句

——由李白〈越中覽古〉談起

李白〈越中覽古〉七絕云：

越王勾踐破吳歸，
義士還家盡錦衣。
宮女如花滿春殿，
只今惟有鷓鴣飛。

詩中一、二、三句寫昔日盛況，第四句寫今日之景。所謂稱霸事業、英雄意氣、紅顏笑靨，全帶鷓鴣聲影中化為一片雲煙。然就此詩結構觀之，頗嫌頭重腳輕。前三句描繪出光彩得意，結尾僅用一句淡淡勾出物是人非之景，未免轉折倉促收束過急①。今另舉李白〈蘇台覽古〉，與之相對照：

舊苑荒臺楊柳青，
菱歌清唱不勝春，
只今惟有西江月，
曾照吳王宮裡人。

此詩亦指歷史上吳越事件。但就結構而言，〈蘇台覽古〉則較〈越中覽古〉匀稱。全詩由昔日苑台抒懷，至第三句則回到今日江月，第四句由江月發展，以物是人非作結，悠悠寄慨，淵永有致。反觀〈越中覽古〉則不然，故張夢機評曰：「細繹全詩，轉折處未能收煞；一氣瀉下，如三峽飛艘；令結語幾成單句，血脈不能貫串。」（《近體詩發凡》，台灣中華，1970）可謂確切不移。唯逮及其〈章法的常與變〉（《古典詩的形式結構》，駱駝，1997），則指出這種手法是「合筆見意」，亦稱「詩中的歸納法」，藉由三個特殊場景，推出共通的結尾，兜出共同的感慨。

唯此係就七言絕句的結構上立論。若自極短篇的角度加以檢視，自有不同評價。

就極短篇結構而論，有一類即以不測之意見長。通篇立意特殊，構思新穎。每每結局難測，引人會心。於是用筆鋪陳，莫不於前面大半篇幅刻意渲染，極熱鬧之能事；或細心描繪，窮幽微恍惚之致；最後閒談一筆，點出事情眞實，煙波江上，令人或愕或嘆。若以傳統術語「起、承、轉、合」言之，極短篇於「起、承」特重大力安排，盡情節之繽紛絢爛，聲光耀眼；而後光沉響絕，大力扭轉，立即作結。如苦苓極短篇〈我得獎了〉（《異象極短篇》，希代，1994），前七段熱烈激昂，波瀾生色。第八段轉至閱報欄的舊新聞，點出「我早已經，早已經死了。」並推衍出「可是我留下來的永恆而偉大的作品，以及那個因我作品變成永恆而偉大的小偷兼騙子呢？」以長句拉出深沉的慨嘆，令人扼腕。

重讀李白〈越中覽古〉，深感詩仙破格用筆，結構出現瑕疵。但就極短篇而言，李白此等處理手法，正爲極短篇中常見的布局。而詩、極短篇二者結構之差異，透過〈越中覽古〉，可窺其一二。

一九九〇年二月《明道文藝》

注①：王叔珉〈談文學通才〉謂：「此詩前三句一氣直敘，收句急轉而止。」（語文、情性、義理——中國文學的多層面探討國際學術會議，台灣大學中文系，一九九六）「並指出此寫作手法，源自《文選・古詩十九首》第三：青青陵上柏，磊磊澗中石，人生天地間，忽如遠行客，斗酒相娛樂，聊厚不為薄，驅車策駑馬，遊戲宛與洛，洛中何鬱鬱，冠帶自相索，長衢羅夾巷，王侯多第宅，兩宮遙相望，雙闕百餘尺，極宴娛心意，戚戚何所迫！」。

極短篇與詩創作

——以隱地〈往事〉、〈山水〉為例

一、前言

隱地〈往事〉一文，自然觸發，清新味永；以個人一己事件興懷，兜出回眸過往情事的「距離美感」。全篇在戀戀風塵的情非得已，與休戀逝水的知性觀照中，由特殊而推向普遍，引人低迴反視，戚戚共鳴。

只要坐在明星咖啡廳，就會想起許多往事。

我第一次來這家咖啡廳，還只有二十歲吧，三十年前的年輕小伙子，多半是不懂咖啡的，咖啡對於當時的我，只是一杯苦水，我才不要叫咖啡，我總是點檸檬水，明星的檸檬水，我即使沒有喝過一千杯，至少也有五百杯。

最先到明星是寫稿，然後是和朋友聊天，有了女朋友後，談愛到明星，吵架也到明星，最後和她分手，還是在明星。

那天她的父親和大哥都來了，他們鐵青著臉，要我離開她，我當時是個傻氣的人，我認爲既然我不願意眞的和她分手，我爲什麼要點頭呢？我竟然不懂得，在愛情的世界裡，有時必須說謊，我爲什麼不會在他們面前先答應下來，然後繼續和她偷偷來往呢？直路走不通，改走迂迴的路，有時反而會提前到達目的地。而年輕時候的我，完全不懂這層道理。我只是一味的搖頭，以至於場面弄得愈來愈僵，最後她的大哥顯得不耐煩起來：「好，你有種，不過我可要把話說在前面，你要是再敢和我妹妹見一次面，不要怪我不客氣，我可是寧願動刀子的……」

她的父親阻止了他繼續說下去。不過也沒有好臉色對我：「我並不希望大家把臉撕破了，但是，你確實應該慎重想想，我們家庭每一個成員都不歡迎你，爲何你還要死纏住我女兒呢？以你的條件不可能找不到別的女朋友，而我們台南人是不願意嫁給外鄉人的！」

以後牽絲爬藤還發生了許許多多的瑣碎往事，但隨著二、三十年的歲月，在我的記憶裡都變成一團模糊，而我記得的是那天三個人火爆的場面以及培養了好多年的一段感情，由於那場風雨，變得遠了、淡了，所謂船過水無痕，只是爲什麼只要坐在明星咖啡廳，我還是忘不了那麼遙遠的往事呢？

然而此篇留下的問題是，〈往事〉見其《隱地極短篇》（爾雅，1990）。唯《隱地極短篇》在書的封面又註明「非小說」，兩者文體歸類顯然不同；形成文類畛域交集、出位、跨越的差異，值得剖述、釐清。

二、「非小說」與「小說」的異同

「非小說」（non-fiction）與「小說」（fiction）最大的

差異，在於前者「弱化」（又稱「淡化」）情節，以作者「情意」，暈染全文，帶出緬懷的情境；後者「強化」情節，由作品中人物的「因果關係」，連鎖反應，帶出意外結局。

由此檢視隱地〈往事〉，全篇只敘述至衝突點（女方家長反對），便「靜態」停格，結束在「火爆的場面」之「淡出」、「淡入」上。反觀隱地所說的〈一個眞實的小故事〉（林貴眞《讀書會任我遊》，頁39，爾雅，2001）：

三十多年前，我有一個頗負盛名的文友，他的未婚妻最初也是他的讀者。通信年餘，他們開始碰面，雙方都有好感。戀愛使兩人覺得必須生活在一起，隨即訂婚。兩人的快樂都寫在眉宇之間。眼看就要結婚，女方突發奇想，想考驗一下男方愛她的心是否堅定。她竟然又一次以一個女讀者的身分寫信給作者——她的未婚夫——表達仰慕喜愛他的作品，更盼望能和他有見面的機會。作家回信同意約會。結果是，原本要結婚的一對新人，新娘默默離他而去。寫信的女讀者，從此在朋友圈中，再也沒有露面。

經由未婚妻試探（原爲女讀者，今冒充另一位女讀者傾訴仰慕之意），未婚夫竟同意見面、約會，形成「動態」變化。最後未婚妻傷心離去，情節陡轉，令人扼腕。可見「非小說」的〈往事〉，以敘述性爲主；至若如同「極短篇」的〈一個眞實的小故事〉，則以戲劇性爲主，兩者重點不同。

換言之，如果〈往事〉全篇開展，著重於篇中所述：

在愛情的世界裡，有時必須說謊，我為什麼不會在他們面前先答應下來，然後繼續和她偷偷來往呢？直路走不通，改走迂迴的路，有時反而能提前到達目的地。

接下來的發展是，如何採取「迂迴」策略，避開正面衝突，進而明修棧道，暗渡陳倉，最後以一己之成就，終獲對方父兄回心贊同，從此珠聯璧合，走上地毯的那一端。似此逆勢操作，化危機為轉機，則屬「機智」的極短篇，不可以「非小說」之名稱之。

三、詩與極短篇的異同

如果說詩是情感「類型」的表現，極短篇則是「特殊事件」的投影。前者「緣情而綺靡」，以靈動舞姿，舞向人間；後者「緣事而發」，以一步一腳印，踏過滾滾紅塵。於是，隱地〈往事〉述說特定時空（「三十年前」、「明星咖啡廳」）一己事件，結尾設問點題：

而我記得的是那天三個人火爆的場面以及培養了好多年的一段感情，由於那場風雨，變得遠了、淡了，所謂船過水無痕，只是為什麼只要坐在明星咖啡廳，我還是忘不了那麼遙遠的往事呢？

整個焦點仍在事件、人物、場景，最後加上獨白的迷離遙念。反觀隱地以「往事」入詩的〈山水〉（2001年9月29日，《中國時報．人間副刊》），收入其《詩歌舖》（爾雅，

2002）：

往事
是一座遠山
望著它
山在
接近它
山在虛無縹緲間

故友
是一條河
望著它
河在
接近它
這會兒的河水
不是從前的河水

則專就迷離的情感加以「雕塑」。在「山」的比喻下，描摹「往事」的特質，正是咫尺天涯，在時光的點染中，浮動「逼眞的幻覺」。在「水」的比喻下，此生中至交「故友」，均如粼粼波光；一旦思念時，往昔言笑宴宴的場景，跨越時空飛來；恍惚閃神之際，硬要挽留捕捉，逼取即逝。畢竟「舉足涉水，已非前水」，畢竟「來年的蝴蝶，怎能找到今年的花」（王鼎鈞）。所謂「人生代代無窮已，江月年年望相似」（張若虛），到底「年年歲歲花相似，歲歲年年人不同」（劉希夷)，無非生命中的客觀悲情，誰也無法消弭。

藉由以上對照，可以明顯看出極短篇和詩的差異。極短篇注重情節的「戲劇化」，詩注重情境的「意象化」；前者偏於寫事（實)，貼近生活，以「接近」的聯想爲主；後者偏於寫意（虛)，與生活保持距離，以「相似」的聯想爲主；大凡有志控勒文體者，當於此多加思辨。

愛亞〈打電話〉
與余光中〈天國地府〉

一、前言

愛亞極短篇〈打電話〉，選入三民本高中國文第一冊第十五課，余光中〈天國地府〉見其現代詩集〈高樓對海〉（九歌，2000），兩篇雖為不同體裁，然分別以打電話為題材，以孺慕思情為主題，同題競寫，極短篇（小小說）與現代詩交會，各顯精彩。可較其異同，以見不同文類寫作特色。

二、敘述視角

愛亞〈打電話〉一開始謂：

第二節課下課了，許多人都搶著到學校門口唯一的公用電話前排隊，打電話回家請媽媽送忘記帶的簿本、忘記帶的毛筆、忘記帶的牛奶錢⋯⋯。

一年級的教室就在電話旁，小小個子的一年級新生黃子雲常望著打電話的隊伍發呆，他多麼羨慕別人打電話，可是他卻從來沒有能夠踏上那只矮木箱，那只學校給置放，方便低年級學生打電話的矮木箱⋯⋯。

自一年級小朋友黃子雲的角度切入，以純摯童音、天眞之念，展開「可愛而可哀」的動作。反觀余光中〈天國地府〉第一小節：

每年到母難日
總握著電話筒
很想撥一個電話
給久別的母親
只爲了再聽一次
一次也好
催眠的磁性母音

詩中敘述者即作者，以滄桑之眼、風塵之心，兜出深沉而無奈的風木之思。基於敘述視角的差異，〈打電話〉全篇在作者客觀控勒（「外在化的聚焦」）下，呈現稚子感性，一氣流轉，亟寫赤子之情的主觀想望，無理而入妙。至於〈天府之國〉在作者第一人稱敘述（「內在化的聚焦」）下，發乎感性，止乎知性，特寫飲水思源的依依追念，有理而無奈。

三、結構設計

愛亞〈打電話〉發揮極短篇的特色，蓄勢藏鋒，加溫墊高，形成引爆的高點，特別於「起、承」上逐次渲染：

這天，黃子雲下定了決心，他要打電話給媽媽，他興奮的擠在隊伍裡。隊伍長長，後面的人焦急的捏拿著銅板，焦急的盯著說電話人的唇，生怕上課鐘會早早的響，而，上課鐘終於響起；前邊的人放棄了打電話，黃子雲便一步搶先，踏上木箱，左顧右盼發現沒人注意他，於是抖顫著手，撥了電話。

「媽媽，是我，我是雲雲……」

徘徊著等待的隊伍幾乎完全散去，黃子雲面帶笑容，甜甜的面對著紅色的電話方箱。

「媽媽，我上一節課數學又考了一百分，老師送我一顆星，全班只有四個人考一百分吔……」

「上課了，趕快回教室！」一個高年級的學生由他身旁走過，大聲催促著他。

黃子雲對高年級生笑了笑，繼續對著話筒：

「媽媽！我要去上課了，媽媽！早上我很乖，我每天自己穿制服、自己沖牛奶，自己烤麵包，還幫爸爸忙，中午我去樓下張伯伯的小店吃米粉湯，還切油豆腐，有的時候買一粒肉粽……」

不知怎麼的，黃子雲清了下鼻子，再說話時聲嗓變了腔：

「媽媽！我，我想妳，好想好想妳，我不要上學，我要跟妳在一起，媽媽！妳爲什麼還不回家？妳在哪裡？媽媽……」

最後四行，陡轉急下，揭示眞相，瞬間點出「敘述對象」爲電信局報時語音：

黃子雲伸手拭淚，掛了電話，話筒掛上的一剎那，有女子的語音自話筒中傳來：

「下面音響十點十一分十秒……」

黃子雲離開電話，讓清清的鼻涕水凝在小小的手背上。

結尾如一朵煙花靜靜爆燃，「清清的鼻涕水凝在小小的手背上」是滿腔悲思充分釋放、洗滌後的見證，亦爲心理自衛機轉中「替代」作用的至情流露，含蓄而眞切。反觀余光中〈天國地府〉第二、三節，由實入虛，藉由設問，展開示現懸想。尤其以「接線生」的問話爲結構點，跌宕變化，形成波瀾，鋪衍合情入理的類比推想：

但是她住的地方
不知是什麼號碼
何況她已經睡了
不能接我的電話
「這裡是長途台
究竟你要
接哪一個國家？」

我該怎麼回答呢
天國，是什麼字頭
地府，有多少區號
那不耐的接線生
卡嚓把線路切斷

留給我手裡一截
算是電線呢還是
若斷若連的臍帶
就算眞的接通了
又能夠說些什麼
「這世界從你走後
變得已不能指認
唯一不變的只有
對你永久的感恩」

於是結尾，由虛入實，在「電線」與「臍帶」的適切比喻、銜接下，重回理性的捫心自問。於正視時空推移的劇烈改變之際，明白述說一己無遠弗屆，無時或已的「感恩的心」，率直無隱地傾訴：母親的方向是人子心靈指南針的方向。

四、結語

就文類相較，其中可說者有二：第一，愛亞極短篇〈打電話〉，以情節取勝，以戲劇性的反差意外見長。余光中現代詩〈天國地府〉，以情境取勝，以敘述性的懸想示現見長。此蓋文類特質不同所致。前者以客觀、反映（show）爲主，後者以敘述、參與（tell），自然形成不同閱讀效果。第二、就眞情指數觀之，兩篇同爲「情至」（情近癡而始眞）之作，然〈打電話〉的純度更高。尤其以孩童純眞之眼，映現「人窮則返本」的殷切渴盼，道出單親家庭小孩的共同心聲，確實能引起普遍共鳴。至於〈天國地府〉雖有小說「獨白」的情味，但全詩控勒於理性範疇內，呈現「理智的熱情」，恐較不易打動高中、國中、國小年齡層的讀者。

最後值得一提的是，三民本有關〈打電話〉賞析文字：「淡淡的，甚至似乎是冷冷的筆觸；幼稚的，甚至是荒謬的人物和事件，卻反映出今日社會單親家庭日益普遍的事實，以及這背後所隱蔽的、亟待我們去關懷的問題」（頁184），其中「荒謬的人物和事件」一句，有斟酌之必要。蓋〈打電話〉中的人物和事件，並不「荒謬」，只是「逸出常軌」的眞情演出，這樣的事件頂多爲「超常組合」的局部變形，仍未進入全體變形的「荒謬」世界。賞析中逕以「荒謬」稱之，未免過重，或以「超常」二字稱之即可。

鄭愁予〈厝骨塔〉與鄒敦怜〈同學會〉

——兼談「改寫」

一、〈厝骨塔〉的獨白

鄭愁予〈厝骨塔〉一詩，選入齊邦媛主編《中國現代文學選集》（爾雅，1983）、羅青編著《小詩三百首》（爾雅，1979）；此篇雖然不像〈偈〉、〈錯誤〉、〈賦別〉、〈情婦〉等篇盛名遠播，膾炙人口；但卻是其詩藝的奇花異種；全詩以戲劇性的獨白，凸顯現代詩的小說企圖，開拓更寬闊的敘述旨趣。

全詩計分三小節。第一小節點出寂靜的場景，第二小節由大而小，轉為第一人稱視角，回首戰死沙場的過往。

幽靈們靜坐於無疊蓆的冥塔的小室內
當春風搖響鐵馬時
幽靈們默扶著小拱窗瀏覽野寺的風光

我和我的戰伴也在著，擠在眾多的安息者之間
也瀏覽著，而且回想最後一役的時節

如果整首詩走筆至此，將成一生一死間的抒懷慨嘆而已。猶如蘇軾〈和子由澠池懷舊〉七律所云：

人生到處知何似？應似飛鴻踏雪泥；
泥上偶然留指爪，鴻飛那復計東西？
老僧已死成新塔，壞壁無由見舊題；
往日崎嶇還記否？路長人困蹇驢嘶。

抒發人生如寄、轉蓬飄泊之悲，確實艱辛困頓，身不由己，引人噓唏。然而透過敘述視角的凝聚、延展，鄭愁予〈厝骨塔〉第三小節，得以落實眼前，翻生新的旨趣：

窗下是熟習的掃葉老僧走過去
依舊是這三個樵夫也走過去了
啊，我的成了年的兒子竟是今日的遊客呢
他穿著染了色的我的舊軍衣，他指點著
與學科學的女友爭論一撮骨灰在夜間能燃燒多久

透過「事件」的介入，透過兒子出現所激化的衝突，掀起波瀾，形成強烈對比。其中包括：㈠新舊世代間的差異，父親緬懷生前戰役，兒子關注與女友的爭辯。㈡價值觀念的差異，父親以捍衛國族為畢生信念，雖死猶生；兒子及女友執著於科學的驗證，僅考慮「物質性」的存在。㈢敘述者與聽者的差距，父親的獨白，兒子渾然不知，仍夸夸其談，毫無慎終追遠的追念之思；似此「形似」(「穿著染了色的我的舊軍衣」）而「神異」（「遊客」的心態），自成戲劇性的嘲弄，讓整首詩的寓意更爲豐富、多元。

論及戲劇性獨白（dramatic monologue）詩作，黃維樑〈詩中異品〉（《怎樣讀新詩》，1989，54）謂：

> 成功的戲劇化獨白，予人的感覺是：眞事眞話，由當事人現身說法，效果生動眞實，與眞正的生活無異。當然，成功的戲劇性獨白，眞實生動之外，還必須具有別的好處：人物性格的入微刻劃、人生問題的嚴肅探索、社會現實的深切反映、藝術技巧的超卓表現等等。（頁73）

由此以觀，鄭愁予〈厝骨塔〉成功之處，在透過「幽靈」父親的觀點（「敘述視角的意外」），得以生動呈現充滿父子間對立的反諷現場，留給讀者「洞悉」的線索。而整首詩得以突破此類詩作的窠臼，關鍵首要，正在於跳出父親「生前」、「在世」時上對下的告誡口吻，而在「死後」、「冥間」的超現實觀照中，燭幽顯微，客觀觸及罕言秘暗的角隅。因是，蕭蕭〈現代詩裡的傳統詩情〉（《現代詩學》，東大，1987）指出：

> 從〈厝骨塔〉這首詩，我們獲悉傳統的倫理詩情，可以以用新穎的角度來表達，現代詩的可能傳達方式似乎較具變化，因此也使得傳統詩情更爲完整、豐盈。（頁76）

強調切換不同敘述觀點的寫作契機。準此觀之，孫維民〈三

株盆栽和它們的主人〉(《異形》,書林,1997),即以新穎視角的表達見長。以第三大段為例:

我傾聽著。偶爾也睜開眼睛。

日日爲我澆水的人,今天
腳步和呼吸明顯地變了。今天
他比昨天遲緩一些,濁重一些
陳舊的輪廓更爲模糊一些
今天,他更遠離他的族類。

我裸露著。偶爾深深地呼吸。
日日爲我捉蟲的人,今天
體溫和膚觸明顯地變了。今天
他比昨天冰涼一些,粗糙一些
腐朽的氣味更爲濃烈一些
今天,他更接近我的族類。

「我」是盆栽,「他」是主人。透過「我」盆栽的視角,第一大段自「他是一種較爲低等的生物」的論斷開起,洞悉主人心靈;第二大段目睹「他迅速地衰老」,仍堅持以衰老身軀持續「迫切」「書寫」;第三大段見證主人老態龍鍾,終於和「我」的族類泯然雷同。人生一世,草生一秋。職是之故,白萩評斷此詩道:

對於〈三株盆栽和它們的主人〉這樣的詩，一般的處理和觀察方式會是：一、敘述者描述三株盆栽；二、敘述者描述三株盆栽和它們主人的關係。但作者卻這樣反逆的以盆栽的觀點，來描述它們的主人，造就少見的奇異性觀察，它是此詩引人的地方。

其中「奇異性觀察」，即顛覆慣性的敘述角度，採取嶄新視角，藉由表現手法之陌生化，呈現異於常態的新思維，形成出奇制勝的超常視境，在在驚人耳目，逼人瞠視。

二、〈同學會〉的視角

鄒敦怜〈同學會〉（《信是有緣》，林白，1989）極短篇，亦以敘述視角的意外，召喚讀者，形成閱讀的旨趣：

她看到母親伏在她身上痛哭，大妹倒抽著氣嘶喊，父親和小弟跌跌撞撞衝出房間。

床上的她，蒼白而瘦弱，身體正一點一滴擺脫高溫的束縛，疼痛已減輕到無法作怪的程度。因骨癌而斑爛的病腿，布滿難看膿瘡，讓她十分難爲情，眞想用手拉起被子來遮住。

她愉快的挪動，輕輕吸口氣，鮮冷的空氣直竄進體內，像充氣般使她立刻飽滿起來。試著伸伸腿、搖搖手，她驚喜的發現，久病頹弱的手足，如同新生。肌膚光滑細緻，是好久以前春陽的顏色。

近日想到，同學會遲遲不能召開，只因她這個惱人的病而停頓至今。畢業前被選爲第一次同學會的主辦人，然而，暑假期間，當其他同學接受分發，到學校去做個新鮮的老師。她卻拿了一張奉准延緩服務的命令，開始過著鄉下蟄伏的日子。終日平躺等待，一根掛蚊帳的竿子立在眼前。然而，日光所及的範圍，似乎日益低垂狹小於一日。她的日子不是魯賓遜刻在木條上的深痕，而是一根根戳在心中的長釘。

現在，她看到窗户露白，奇怪自己怎麼睡得那麼沉。更怪的是母親流著淚哽咽的打電話，竟是她最熟悉的幾個號碼！記得自己明明沒託母親轉達什麼事？

她覺得精神出奇的好，和平而安全，彷彿不必費勁，空氣中的清涼就由毛孔滲進，清清甜甜。再過幾天就是元旦，有一連串假期，她高興的想起該著手準備同學會啦！步子又是往日的輕盈靈活，只一分神，就跨出門外。眞想偷偷拎著提包去逛逛，卻連那樣小小的東西都提不動。沒法子，只好坐在床沿，羞澀的看母親替自己洗澡換衣。

她的蚊帳換成簇新的粗厚白布，睡得好好的床被挪到角落，搬來一只新得發亮的大紅漆盒，眞是太浪費了。雖然，她嘀咕著：「我不喜歡紅的，我要咖啡色的。」家人還是硬把她抬進裡頭。幸好病中瘦了不少，不然，這個床實在太小了。

第二天，他們在她的新床上蓋上一層薄的透明的壓克力板，像個保溫箱！他們是趁她熟睡時弄的，根本不理會她略帶不耐的客氣：「我還不需要這種保護！」

第三天中午，同學陸陸續續來了，她熱情的打招呼，問是誰替她發通知單的？連問了好幾人，都沒人理，她一頭霧水。看昔日好友的言行舉止，頗覺怪異。那些同學一到家中，立刻到她那張放大的畢業照前，用一束香薰得她發昏，也薰得他們淚汪汪的。可是，他們連一句話都不對她說。

第四天，家人將她的新床載到郊區一隅。現在，她看清楚是怎麼一回事了，原來，他們想活埋她！在那麼多同學面前？難道他們也介意她的病拖累家庭？不行，不行！眼看著土一點一點的蓋住她的眼，她再也不能安穩裝睡，不能沉默的跟他們作遊戲了。

奮力一振。她慢……慢……飄了起來。

她打算等他們埋掉那具空棺，然後，和同學一道聚聚，難得一來就有三十個。

篇中的「她」，恍惚之際，已魂魄渺渺，逸入冥界。因此在第三段，形同解脫般，恢復患病以前的輕鬆自在。接著第四段憶起自己未召開「同學會」的憾事，念茲在茲，進而看見母親代打電話給自己那些死黨，內心充滿圓夢的喜悅。第九段同學陸陸續續來了，卻沒有預期的喧囂吵翻天，而是淚眼婆娑，相對無語。第十段點出這場「同學會」其實是「告別式」，同學根本是來送自己最後一程。結尾，仍敘說自己的癡迷，和同學相聚之殷殷盼望。

本篇值得討論的地方有二：㈠面對「同學會」這常見的題材（如：陳郁夫〈同學會〉、劉墉〈媽媽的同學會〉），如何匠心獨運，另闢蹊徑；係凝慮下筆時最大挑戰所在。而鄒敦怜自死者角度切入，展開靈視，打破一般「同學會」互別苗頭的敘述模式，則爲全篇獨到之處。(二)從「同學會」到「告別式」才又相聚的「同學會」，正道出現代生活忙碌的淡漠與無奈。同學分散，各據天涯，漸行漸遠；甚而浮沉異勢，形同陌路。除非有「超熱心」聯絡人強力呼籲，緊迫盯人，否則悠悠經年，要再開「同學會」，杳如黃鶴，談何容易。據筆者親身經驗，往往久未聯繫，電話告知時，則是某某因病或因車禍去世，同學再見的場所每每在殯儀館的「告別式」上；前塵往事，各有各的辛酸史，誠不知如何安慰起。當此之際，相濡以沫，代替言笑晏晏，無非是此生「相互隸屬而各自孤獨」的最佳寫照。

三、「改寫」的向度

論及語文能力表達中的「改寫」，范曉雯等《新型作文瞭望台》指出有：「形式上的改寫，可以由體裁、作法、人稱三方面更改；內容上的改寫則可以將順敘改倒敘、改變中心人物；而主題的改寫則以改變主題思想爲主」（萬卷樓，2001，頁132）。其中「形式上的改寫」，偏重文體的轉換，由文言至語體，由古典詩至現代散文等。「內容上的改寫」，其實即表現手法的變化，尤其是改變敘述觀點，如將「第一人稱」偏知觀點，改爲「第三人稱」偏知觀點、全知觀點（「第三人稱」可包括「偏知」、「全知」兩類）。「主題的改寫」，係同一題材不同主題的競技，屬於不同「悟讀」（非「誤讀」）的多元訓練。在此類「改寫」中，最能激發學子「創造性思維」。

綜上以觀，鄭愁予〈厝骨塔〉一詩，在文體改寫上：第

一、可以改寫成散文（當然不等於翻譯），發揮「相近聯想」的鋪排敘述。第二、可以改寫成極短篇，發揮情節與核心細節間安排、組合的本領。不過，後者難度過高，不如前者（新詩改成散文）來得容易，恐怕只能在「文藝訓練營」或「小說寫作班」上實施。

其次，在表現手法的改寫上，鄭愁予〈厝骨塔〉可以換成以「兒子」、「兒子女友」、「遊客」、「老僧」、「樵夫」的角度來展開敘述，同樣鄒敦怜〈同學會〉極短篇，亦可自「母親」、「同學甲」、「同學乙」的角度展開不同的敘述。（可參筆者《作文新饗宴》，頁197～202）當然此等敘述，仍以改寫成散文爲主。設若是新詩改寫成新詩、極短篇改寫成極短篇，則形同創作，挑戰難度提高。唯恐陽春白雪，曲高和寡，難以達成。

至於在主題改寫上，頗能撞擊智慧的火花，逼使學子採取「陌生化」的策略，提出另類思維觀點（如：波諾《六頂思考帽》），亦臻及「再創作」的書寫，誠非易事，不宜貿然採用。於此，筆者以爲設計成「閱讀評述」（《新型作文瞭望台》，頁309）會更理想。亦即對鄭愁予〈厝骨塔〉或鄒敦怜〈同學會〉中特殊視角所傳達的主題，寫出個人的感想或評論，包括後設、擴大、深化等不同面向的評述，則爲難易適中的測驗，值得一試。

二〇〇二年三月《國文天地》二〇二期

書評篇

柳暗花明又一村

——侯文詠《侯文詠極短篇》

極短篇講究特殊情境的精彩爆破，跳脫慣性思維，偏離固定模式，形成「極有趣」、「極有味」的文本書寫。實質而言，極短篇亦即「問題解決法」。當面對「難題」，遇上「特殊的問題」，身陷「關鍵的兩難問題」時，尋求較佳、較優的解決策略，尋找更新、更好的解決方法。因此，如何「創造性」的排憂解紛，如何「創造性」的發現生命困境的出口，如何「創造性」的撥雲見日，兜出朗朗乾坤，無疑是判讀極短篇優劣的重要指標。

在問題的發現上，侯文詠最善於運用「矛盾法」（發現一般觀念未必完全正確；發現各種自相對立的陳述或現象），呈現各種衝突的特殊情境。書中〈逛門診〉、〈總統的病情〉、〈打賭〉、〈失語症〉、〈明天再煩惱吧〉、〈寶石〉、〈凝視〉、〈睜著眼睛說瞎話〉、〈民國製造〉、〈秀才遇到兵〉、〈天生一對〉、〈畢業典禮〉、〈政治獻金〉、〈更教人害怕的是……〉等篇，以幾近白描的流暢敘述，映射現代都會光怪陸離的浮世繪。至於光怪陸離的書寫，大抵有三：第一、表裡不一的多樣批判；第二、事與願違的無情反諷；第三、今非昔比的錯位滄桑。書中三者相互交織，豐富人性（清明與幽暗）與社會（應然與突然）突梯滑稽的荒唐色調。於是，人物越是正經八百，情節越是離譜怪異，越能指涉生命的滋味：「人生實難，大道多歧」（《左傳》）。而敘述者目擊親臨，也只能含淚微笑；對矛盾欣然乾杯，與反諷莞爾拍肩。

在問題的解決上，書中能「創造性」書寫的，分別有：「歸因法」（發現事物的屬性；指出約定俗成的象徵或意義；發現特質並予以歸類。）如：〈估價〉、〈一個潔淨明亮的地方〉；「辨別法」（發現知識領域不足的空隙或缺陷；尋覓各種訊息中遺落的環節；發現知識中未知的部分。）如：〈兩個開業醫生〉、〈我只要屬於你〉、〈父親的病情〉、〈說了你也不信〉、〈劉董事〉；「激發法」（多方面追求各項事物的新意義；引發探索知識的動機；探索並發現新知或新發明。）如：〈得到太早〉、〈離家出走〉、〈櫻桃的滋味〉、〈牛排的滋味〉：「容忍曖昧法」（提供各種困擾、懸疑或具有挑戰性的情境，讓學生思考；提出各種開放而不一定有固定結局的情境，鼓勵學生擴散思考。）如：〈改運〉、〈氣功大師〉、〈見義勇爲〉、〈大部分的時間我都在等〉、〈人文咖啡店〉、〈謝謝你給我很大的幫助〉。其中藉由「歸因法」中的特殊個案，直指個案背後的普遍眞實；藉由「辨別法」的比較異同，彰顯另類思維向度；藉由「激發法」的深刻感悟，擴大生命的視野；藉由「容忍曖昧法」的存而不論，直指「測不準」、「不可預期性」的弔詭內蘊。正是以種種書寫，讓「山窮水盡疑無路」的衝突事件，綻放「柳暗花明又一村」的機智光彩；讓「行至水窮處，坐看雲起時」的特殊情境，召喚人深省的言外之意。

茲以〈櫻桃的滋味〉一篇爲例，即爲雋永出色的極短篇。整個故事寫自殺者站在樹上，小學生問他在樹上「看」什麼，他順勢說「看風景」。小學生接道：「有沒有看到身旁許多櫻桃？」「可不可以幫我們採櫻桃？」「你只要用力搖晃，櫻桃就會掉下來。」拗不過小朋友，他又搖又跳，櫻桃紛紛掉落，小朋友開心搶食，現場一片嬉笑歡樂。等小朋友散去，他已不想自殺，採了些樹上櫻桃回去，孩子高興的又叫又跳，晚上時大家快樂的吃著櫻桃。這樣的極短篇，舉重若輕，自然飽滿，燭照關鍵時刻人性之推移，湧現人性之輝光，由「黑色思考帽」（負面耽溺）轉至「黃色思考帽」（正面轉念），由感性提升至感悟，由偏狹僵化走向開通活化，由小我走向大我；形成格局的擴大，視野的寬朗。將極短篇的內涵（「意之不測」、「情之幽微」、「理之乍顯」），自然統合，充足呈現。

〈櫻桃的滋味〉的解讀，除了自「激發法」（由自毀至自我超越）加以切入外，亦可自「歸因法」加以闡釋：「這故事有一種很神奇的魔力，它讓許多人發現原來自己心中也有一棵櫻桃樹，它一直在那裡，只是你沒有發現而已。」（頁197），也可以自「習慣改變法」（改變功能固著的觀念及方式，增進對事物的敏感性）加以發揮，於是「自殺論」可以轉換成「灑香水理論」。於是，「最神奇的是，你愈是那樣和別人分享，樹上的櫻桃就愈長愈多，並且滋味更加豐富。」（頁197）原來換個角度，世界不一樣；換個制高點，格局不一樣，想法不一樣，自然結局也就不一樣。

由「創造性」的「發現問題」、「解決問題」來「看」極短篇，好的極短篇，絕對不是「極短命」、「極短淺」愚弄讀者的瞎掰之作；而是「極精彩」、「極精到」的生命書寫。猶如天邊的奕奕星光，猶如櫻桃樹上的一顆顆紅艷，指引著一點希望，閃動著一點理想。

二〇〇五年八月《文訊》

精悍匕首

——平路《紅塵五注》

平路《紅塵五注》極短篇集，分別有新版（聯合文學，1998）與舊版（皇冠，1989）。新版計收二十七篇極短篇，保留原先的十五篇（舊版計二十篇，作者刪除五篇），再加上十二篇新作（約全書一半），形成饒富風味的極短篇品種。全書展現極短篇寫實與幻設的傳統，第一輯「寫實篇」（十三篇），以單一而豐贍的事件，呈現凝藉味永的情思；第二輯「實驗篇」（十四篇。其中十篇爲新作），以種種敘述的拆解，幻設未來情境，照見多面相事理；無不在「出人意外」之餘，翻升「意在言外」的深蘊與透視。

綜觀《紅塵五注》意在言外，並非全然感性的掩抑生姿，含蓄婉約；而在於其間湧現知性的豁然，客觀悲情（是非關係不穩定）的凝視。全書諸篇，大抵聚焦於「開悟的啓迪」、「弔詭的彰顯」，以極短篇幅，敲開極寬之門；以舉重若輕之姿，揭示一切關係的本質；指出一切都是權力的延伸，遊戲的環套，建制的支配。其中〈老闆〉、〈末了〉、〈後來〉、〈玻璃動物園〉、〈小雞．小雞雞〉、〈小鬼．小鬼鬼〉、〈未來的女人〉、〈午夢五闋〉、〈紅塵五注〉、〈愛情二重奏〉（皇冠版〈命運的鎖鍊〉雖未收入，同屬此類）

等，均拆解人際關係的層層糾繆，洞見環環競逐傾軋的結構系統。似此悟境之形成與揭示，猶如一則則「穿著外衣的眞理」之寓言（預言），一個個冷水澆背，陡然驚心的現代公案（可上推至吳均《續齊諧記・陽羨書生》），屬於極短篇中的重要類型（「了悟式」）。許多作家不乏於此靈光爆破，機智立意，如喻麗清〈獵人〉（《喻麗清極短篇》）、陳克華〈習劍的女人〉（《愛上一朵薔薇男人》）等。而《紅塵五注》中以理蘊取勝的類型，無疑爲該書一大特色。

至於書中故事類型，除了「了悟式」外，另有精彩「報應式」之作〈手指〉。此篇足以與魏晉南北朝志怪小說《異苑》中之〈妒鬼〉相互對照：

吳興袁乞妻臨終執乞手云：「我死，君再婚否？」乞言：「不忍也。」既而服竟更娶。乞白日見其死婦，語之云：「君先結誓，云何負言？」因以刀割其陽道，雖不致死，人性永廢。

〈妒鬼〉一篇可稱爲驚悚極短篇。一反傳統溫柔敦厚的委曲隱忍，而訴諸背信食言的斥責，進而快意揮刃。篇末以復仇女鬼的剛烈高音，畫下完美的句點。反觀平路〈手指〉，不依靠靈異色彩，將超現實玄虛拉至現實時空，特自「完美主義」心理的波動著墨。篇中諸多細節（父親用筷子劈打她手指的懲罰、與「九指神丐」之類人物握手的驚懼、婚後瓷器上一旦出現裂隙立即扔進垃圾箱）相互串連呼應，因此最後女主角面對丈夫的出軌，無法忍受婚姻的絲毫瑕疪，傷心之餘，毅然採取行動：

夜晚，她拿著剃刀，屏住氣，讓自己執刀的手不再顫抖。然後朝丈夫下體幽深的體毛一寸一寸挪移過去。

以逼向高潮，手刃禍源作結。全篇告別聳人聽聞的意外扭轉，而自入人意中的「合理」（情感邏輯）情節開展，充分發揮「手指」與「陽具」、「筷子」與「剃刀」的意象指涉，形成自然衍生的抉擇情境。也由心理個案，一躍而成爲其情可憫的黑色極短篇。

大抵《紅塵五注》爲質量俱精的極短篇集，以充滿實驗的精神（第二輯即標明「實驗篇」），激發極短篇新興文體的彈性及思辯向度。或爬梳情之幽微（如：〈那股霉濕味〉、〈自己的房子〉），或呈顯理之繁複深遠（如：〈午夢五闋〉、〈愛情二重奏〉）；在在展現故事層的豐穎多元與敘述層的精約控勒之美。平路一向以小說行世，以論述批判言志（如：《到底是誰聒噪》、《在世界裡遊戲》、《女人權力》、《愛情女人》等）；小說中兼及長篇（《行道天涯》）、短篇（《玉米田之死》、《五印封緘》、《百齡箋》等），至若極短篇集則僅此《紅塵五注》一冊而已。然置諸迄今一百三十多本極短篇集中，實爲光彩奕奕的精悍匕首，心摹意匠，值得細細觀賞；當如一扇特異開啓的窗口，呼喚天光雲影的玄秘，值得駐足瀏覽。

一九九九年十二月《文訊》

詩意的布局

——劉大任《劉大任袖珍小說選》

劉大任《劉大任袖珍小說選》主要以《秋陽似酒》（洪範版）二十三篇爲主，再加《晚風習習》（洪範版）四篇，以及〈下午茶〉、〈蟹爪蓮〉、〈魚缸裡的蜻蜓〉、〈俄羅斯鼠尾草〉，共計三十一篇。書名取爲「袖珍小說」，作者謂「這個題材，台灣慣用『極短篇』，大陸叫作『小小說』，我還是喜歡自撰的『袖珍』二字，它反映的不是編輯人的要求，而是創作者的歡喜。」（〈後記〉）誠屬個人趣味所致。唯喬遷在序《川端康成袖珍小說選》（民國六十一年，幼獅期刊叢書）時，即取名「袖珍小說」，可見早已有之，不免雷同。

劉大任袖珍小說，其特色有三：第一、題材爲兩岸三地，充滿錯位的飄泊情調。如〈羊齒〉、〈草原狼〉、〈且林市果〉、〈女兒紅〉等，相較侷限於一事一地的極短篇，顯得寬廣新穎，較能有新的視野與立意。第二，濃縮一生爲極短篇，充滿縱深的深層意蘊。如〈清秀可喜〉、〈秋陽似酒〉、〈白樺林〉等，相較僅限於一時的極短篇，更能出入於今昔回憶與時間對比，衍生出更豐富的蓄勢與張力。第三、置意外於自然流轉，充滿無意相涉的變化。如〈鶴頂紅〉、〈王紫萁〉、〈冬日即景〉等，相較於刻意結尾戲劇性的逆轉，更能突破「偶然」意外，直指「偶然的必然」之底蘊，留給讀者更多回味的空間與意旨。

讀劉大任袖珍小說，最宜掌握其「思路、筆意」(〈後記〉)的藝術經營；篇中意象形成的氣氛情境，極其蘊藉委婉。如〈鶴頂紅〉結尾，水族箱的螢光燈一滅，父親稀疏的銀髮刹那閃爍！「我躺在魚缸前面的沙發上。黑暗中，閉上眼。奇怪的是，居然聽不到任何嘆聲，卻分明看見一群丹頂素衣的鶴頂紅，優游嬉戲，翻沙弄藻，擺尾而去。耳朵裡，正響起一片清脆樂音，好像交互撚攏挑抹的纖纖十指，在金黃色的豎琴上飛舞著一般。」（頁27）是虛寫的懸想，是美感心靈的捕捉，亦是對父親培育鶴頂紅魚的肯定。又〈王紫萁〉結尾，兒子指出「什麼都不信」是我們的信仰，父親（「我」）並不確定。而後「兒子沉默下來，我立刻後悔了。我望著身旁破紙袋裡的野花，我看見自己笨拙的身影塞在一個灰暗教堂的布道台裡，我看見地面上升起一莖莖王紫萁新芽，芽端捲曲成拳，輕風拂過，就微微搖晃起來，竟像是無端萌生著一地烏青淡紫的問號。」（頁58）於是文中父子採集王紫萁蕨類「那紫色的維管束，尤其是新芽萌生時期，卻不全然是紫，遍體顏色，似乎介於青紫之間，只能說是烏青淡紫，像嬰兒受凍的小手。」（頁53）至此形成關連的喻意，也留下沒有結局的空白。其次，善用畫面與關鍵字的重出，藉以統一事件，開展情節。如〈秋陽似酒〉一開始：「秋陽似酒，他們在午後四時左右進入州立公園，遊人已漸見寥落，孩子們興高采烈，忙著張羅布置，鄰近的野餐烤爐上，已飄著肉香了。他一向不習慣指揮，也不想加入，便自行尋得一塊略略隆起的高地，且放懷眺望。」（頁149）由此帶出思緒，帶出回憶，帶出女兒誕生防空洞（躲抗戰空襲警報），妻子難產而死，女兒長大嫁人，結婚出國；小外孫女出生，他退休後來美國，與之相聚。結尾：「五點鐘左右，秋陽依然似酒，只不過毫芒盡撤，已經沒有辛辣。」（頁155）全篇以「秋陽似酒」（共七次）貫串，結合苦難酸楚與外在詩意美景，濃縮今生於一小時中，實爲珠圓玉潤的袖珍佳品。另如〈冬日即景〉以「站起來了……站起來了……」（頁110、111）推移轉圜，〈夜螢飛舞〉以「死神的眼睛」（頁135、148）前後對比，均爲作者「思路、筆意」所繫。

基本上，劉大任袖珍小說，有一千五百字爲界者，有二千五百字左右者，亦有高達四、五千字者（如〈唐努烏梁海〉、〈草原狼〉等）。可見作者寫作旨趣，不在篇幅長短的限制，而在於書寫的盡興，於是袖珍小說便游走在極短篇與短篇之間。而作者在享有絕對書寫的自由時，也留給我們對「袖珍小說」定義的困惑。

一九九七年六月《文訊》

現代版的志怪傳奇

——苦苓《苦苓極短篇III——悔不當真》

苦苓爲極短篇的好手，質與量均相當可觀。計有《情色極短篇》、《異象極短篇》（希代，1994）、《苦苓極短篇》、《苦苓極短篇II——請勿變心》（皇冠，1992、1994），至於《苦苓極短篇III——悔不當眞》（皇冠，1996）將男女情愛的舞台搬至陰陽兩界，寫出種種光怪陸離，成就現代版的志怪傳奇。

志怪傳奇最動人心志的地方在於「小小情事，淒婉欲絕」，透過匪夷所思的情節，傳達情之幽微的惚兮恍兮；經由「其信然邪？其不信然邪？」的神秘描繪，彰揚人性向度的可能，凸顯跨越死亡門檻的至性至情，幻設出打破時空隔閡的「另類眞實」（虛構）世界。據此以觀，《苦苓極短篇III——悔不當眞》中〈年夜〉、〈弟弟不要走〉、〈深夜怪電話〉、〈生死相依〉，無不立足出人意外的基調上：前兩篇輝映出親情無理而妙的唏噓，後兩篇刻劃出痴情的至死不渝；調配出黑（死亡）與紅（情愛）最強烈的混合色塊。

就表現手法而言，書中較特殊的是〈失事現場〉。篇中的工讀生「他」讀著車禍告示：「吾女朱曉慧於八十四年二月十七日深夜一時行經此地，遭不明車輛撞傷，該車肇事逃逸後，至天明吾女始爲路人發現，終不治死亡，如有現場目擊者請電八七六五四三二，使天理公義得以伸張」，慨然動容，時值凌晨一時（上星期車禍事故時間），他目睹對面人行道上清純女孩跨越街道往這邊走來，一輛小轎車從遠處飛快衝來，撞上女孩，微微一頓，即加速駛離。他看清車號，立即衝入電話亭撥一一九。回頭出來，卻找不到那女孩。而第二天竟在報上看見破案消息：「懸宕多日的少女朱曉慧遭人駕車撞斃後逃逸事件，終於水落石出，昨晚已有一目擊者報案指出肇事者車號，警方循線將嫌犯逮捕歸案……」其中，最耐人尋思的是何以「他」能再重新目睹上星期車禍現場實況。一般最簡單的解釋無非「女孩知道他是有心人，再對他顯靈」（尤其剛好在「頭七」），於是陰陽連線。但就表現手法觀之，這是工讀生心靈的「示現」。經由眞切懸想，福至心靈，過去情境呈現在他心靈視野，於是在特定頻道裡過去的影片重播一遍。似此電光石火般的神秘經驗，是邪非邪的意識邊陲，正是極短篇可以開發的領域；讓「善有善報，惡有惡報，不是不報，時候未到」的果報觀念中，挖掘出更幽微更深刻的心靈面相。似此表現手法，可參陳克華極短篇〈目擊者〉（《陳克華極短篇》）寫父親「在發現他兒子屍體的人行道上，豎了一塊廣告，通緝一輛公車兇手」正可與苦苓此篇相較。

綜觀全書，苦苓現代版的志怪傳奇除了鬼影幢幢的靈異之外，另有科幻極短篇〈做愛的另一種方式〉、〈沒有愛的權利〉、〈誰需要婚姻〉等。其中較特殊的是〈愛你一萬年〉，以傳說的懷錶「只要錶主和他的愛人願意，錶上停下來的時候，世上的時間也會就此停止，兩人可以永遠停留在那個深深相愛的階段，地老天荒，永遠不變」爲軸心，最後開展出時間停止之後的「親愛畫面」。篇中反諷男女對愛你一萬年的不同認知，嘲弄靜態扁平的停格之愛亦非愛的眞諦，寓意極深遠有味。

至於書中〈最後一場電影〉、〈地板下的女人〉、〈他在路邊等我〉、〈機場女廁殺人事件〉等篇，相當聳人聽聞，讀者若無法完全信服，一笑置之即可。

一九九六年五月《文訊》

凡人是繭

——喻麗清《喻麗清極短篇》

一、溫婉的創作色調

在《喻麗清極短篇》中，很清楚看出作者主題與風格的定位。主旨與風格正是貫串書中的兩道線索，緊緊綰合，編織出設色淡遠的人生圖案。

就主題而言，面對「凡人是繭」（《蝴蝶樹．造型》）可笑復可悲的種種，喻麗清遠離殘忍的譏刺，翻生無限的「深深痛惜」，遠離偏鋒的棄置，而作正軌的同情了解。於是，以柔軟尊重的態度，描繪沒有不受傷的生命、沒有不矛盾的無奈悲懷；娓娓道來，筆調溫婉有致。

就風格而言，基於對極短篇寫作不以「情節曲折，出人意表爲勝」（《喻麗清極短篇．自序》）的認知，喻麗清的作品以經濟、有深意爲上。告別純粹出人意外的短淺趣味，捨棄讀至篇末讀者只覺「被騙」的效果；轉爲低迴情境的渲染，悠遠哲思的領會。因此，書上精彩的極短篇均在迷離掩抑的氣氛中徐徐展開，而後煙沉響絕，鏗然而止，引人悃然深慨。

二、沾滿淚光的開悟

《喻麗清極短篇》的特色，建立在悟之情境的形成，而後在悟中將意義擴大，將情思細細勾出；如繡花針般，刺入情之幽微處，如當頭棒喝，打落執迷，打開事理之眞實。而這種由情理中自然形成的開悟，無疑是極短篇最迷人的地方①。

以〈獵人〉爲例，整個脈絡由書上天山雪蓮開始，帶出父兄是獵人，自己曾是獵人，如今因車禍半身不遂，只能以書爲天空，最後含淚悟道：

> 那在高寒的石縫裡栽植雪蓮的命運之神，他才是最好的獵人。他獵走了我腰部以下所有的神經。

指出「獵人」再怎麼出色，永遠比不上命運之神的獵「人」，只要命運之神的手一撥，芸芸眾生無一能倖免。猶如王國維〈浣溪沙〉詞下闋所云：

> 試上高峰窺皓月，
> 偶開天眼覷紅塵，
> 可憐身是眼中人。

換一個觀點，從蒼蒼天上俯瞰滾滾紅塵中的自己，不覺心生身爲形役的「可憐」之嘆。一如獵人在瞄準獵物時，怎會想到更高更遠的地方，有雙冷眼在瞄準自己？自己再厲害，狩獵技巧再高明，也只是被狩獵的對象，也只不過是天空冷眼中的一朵天山「雪蓮」而已。於是，在「血」的教訓、在「可憐」的境遇，赤裸裸撞擊生命的難堪，篇中的「我」淚如泉湧，終於湧現清明且驚心的認知。又以〈白髮〉爲例，寫老夫少妻間因白髮而引起的心理疙瘩。似此題材，一般作者大概會安排太太（少妻）體諒先生（老夫），也把自己頭髮染白，以喜劇收場。然喻麗清不止於此，繼續進一步拓展：

擁吻著曉芳滿頭漂白了的頭髮，他輕輕地說：

「芸啊，妳不必……陪我老……」

現在他才知道：世上有些東西並不是買不起，而是買到手之後的痛苦才剛剛開始。

最後的領悟極其深刻。雖說用金錢買不到愛情是一種痛苦，然用金錢買到的愛情更是一種痛苦。畢竟一旦「有」，就會造成「囿」的負擔。「有」與「囿」到底是孟不離焦，焦不離孟。唯當初追求，企盼擁有時，有誰能進入如此深沉透徹的省思？似此幽微情致的勾勒，確實豐富了極短篇的意蘊。

三、寓言的新徑

寓言②是極短篇的一支，一條通幽的新徑。以基本預設爲出發點，情節荒誕，筆走謬悠，出入超現實之際，泯除藩籬限界，惚兮恍兮，展開最大的想像空間，而後煙消雲散，捫觸靈魂黑洞的悸動，指向人性糾纏繁複的核心。

以書中寓言〈黃絲帶〉爲例，開始第一行：

達妮無論什麼時候，脖子都繫著那條黃絲帶。

即為情節推展的基點，接著描繪男主角衣凡的心理變化：原本可愛的黃絲帶變成可憎的標幟，「不能忍受」秘密的陰影逐漸覆蓋衣凡的心靈。平靜而溫柔的相守成為不可能，靜極思動的好奇是一尾毒蛇吐芯，咬向幸福的根部，導致達妮答應在結婚紀念日掀開答案。雖說接近答案時衣凡也隱隱察覺挖掘秘密的不必要，但懷疑的禁忌一旦觸犯，幽明之間的情緣即將結束。最後：

達妮含著眼淚說：

「不，時候已經到了。」

說完，她伸手拉下了脖子上的那條鮮黃的絲帶。絲帶飄落到地上，達妮的頭顱也掉了下來。

似此靈異志怪作品，抨擊男子不能成全婚姻，反加破壞的主題，在六朝《列異傳》談生的身上亦出現：

談生者，年四十無婦。常感激讀詩經，夜半，有女子可年十五、六，姿顏服飾，天下無雙，來就生為夫婦之言：「我與人不同，勿以火照我也。三年之後方可照。」

為夫妻，生一兒已二歲，不能忍，夜伺其寢後，盜照視之。其腰已上生肉如人，腰下但有枯骨。

婦覺，遂言曰：「君負我！我垂生矣，何不能忍一歲而竟相照也？」……

由於談生「不能忍」，背棄三年的約定，成爲秘密的挖掘者，觸犯幽冥的神秘禁忌，造成愛妻永遠沉淪，無法還陽爲人的悲劇。然而談生爲何「不能忍」？愛的火花如何減弱？爲何置妻的鄭重叮嚀於不顧？這些心理活動的變化，在小說剛萌芽的六朝，規模粗具，尚未能細加揣摩。反觀喻麗清〈黃絲帶〉，捕捉男主角衣凡的變質心理，經由獨白的激問：「爲什麼婚後反而變成不能忍受的東西？」「天啊！難道幸福不是一切嗎？」「人生除此而外，似乎總還應該有點兒別的，不是嗎？」將衣凡不穩定的矛盾心態抽絲剝繭般剖露，將人性的盲昧好奇一一呈現，無疑拓增靈異寓言的深度。

四、結語

綜上所述，大抵可見《喻麗清極短篇》的特色在於「沾滿淚光的開悟」與「寓言的新徑」。而這兩類的涵濡探索，將是極短篇值得再拓墾的領域；至於對忙與盲的現代人而言，《喻麗清極短篇》更是不容忽視的針砭與救贖。

注①：隱地編《爾雅極短篇》中趙曉君的〈鏡〉、方瑜的〈蠅屍〉，亦屬此類。

注②：莊子在〈天下〉篇提出：「以天下為沉濁，不可與莊語」，「以寓言為廣」，強調寓言反而比正經八百的說教來得有效。

一九九二年　瘂弦等著《爾雅極短篇》

流轉與迷離

——鍾玲《鍾玲極短篇》

一、人間流轉

在歲月流轉中，在變動不居的人事中，諸多意義的光芒飄忽閃爍，情隨事遷，或流失或增強；於是今昔之間自然形成對比，逼出慨嘆、頓悟，當爲極短篇最常見的手法。書中〈梨花和劫匪〉，以「劫案二個月之後」與「劫案前二十秒」詳略不同的敘述，事後及當時的心理刻劃，靜靜構成對比，傳達眞相與追憶述說的差異，指向人性眞實的嘲弄，即此類代表。

而其中最具特色的是〈星光夜視望遠鏡〉，運用空間對比，寫碉堡中擔任海防警戒的阿雄透過望遠鏡想當然的臆測，接著描繪鏡頭中男女主角的眞實情境，繼之寫阿雄未窺見親熱鏡頭的抱怨，終而描繪男主角爲了怕刺激女主角（青光眼惡化）撒了善意的謊言。似此作品，有因空間造成誤解的理趣，並有情感的糾葛無奈，增強極短篇的視野與意蘊。

二、幽明的迷離

死亡是生命的延伸。跨越死亡門檻，如入神秘難知的異域，幻設迷離，不受現實侷限，充滿恍惚詭異的可能。此類作品透過如眞似幻、縹緲魅影的經營，下焉者以意外（原來不是鬼）設計收束，而上焉者則藉此反寫人性的尊嚴。書中〈窗的誘惑〉正是此類的上品。女主角曉妮目睹男友鴻宇另有女人，回憶既往，心碎神傷，黃昏時住入「月圓酒店」（「月圓」二字於此形成反諷），而後出現幻境。高瘦女子敲門，指高高圓窗外有人在等，並搬床頭櫃讓曉妮踏上，瞧見鴻宇坐在窗外海堤上等候。訝視之際，念念交戰，曲曲折折，終於理性湧出，奔回床上，抱枕痛哭。醒來時，發現「床頭櫃的正上方，由樑上垂下一條繩子，下端圈成一個圓。」最後查詢，才得知高瘦女子是上個月在房內吊死，顯然在找一個人當替死鬼以便投胎轉世。於此，鍾玲以鬼情節爲輔，融入情變中女主角痛苦勇敢的抉擇，確實豐富這類題材的空間。

至於〈九彎十八拐〉，運用北宜公路的傳說，以三種結局收束，如此開放性的設計，打破封閉性的單一發展，讓讀者游移於諸多可能的情境中，凸顯變化、不定的旨趣，似此手法，頗値得推廣。

三、結語

大抵鍾玲書中精彩的極短篇均能納一生於一瞬，連生死於一線，呈現寬闊的格局與省思。如〈一碗飯〉，抽絲剝繭，徐徐剝出婆婆一生壓抑的情結，最後婆婆端一碗飯放在狗屋中，以懺悔口吻道出癥結所在。似此意外動作建立在因愧疚而擬補償的心理下，其事可嘆，其情可憫。又如〈正室側室〉，寫人倫之悲。上一代恩怨並未死後一了百了，下一代仍繼續不斷。清明時，正室女兒（即老太太）不讓側室兒子（即青年）上山掃墓。末尾正室女兒道：「媽，有你擋在他們兩個中間，狐狸精一定作不了怪。妳與阿爸過去這半年來一定說了許多體己話。我在你們兩人石槨中間，打的那個洞，是不是很方便你們說話？而且，一抬頭，就能望見阿爸，妳可以每分鐘看住他。」更是替母親設想周到。而側室兒子則在第二天拂曉掃墓，分別在父母親墓前土槽中埋入黑盒子，喃喃低語：「媽！有了對講機，妳可以常常跟阿爸講話。過半年，我會來替你們換電心的……」完全瓦解了正室女兒的防範措施，尤其高明妙絕。只是這樣的孝思(亦鬥智)建築在墳墓上，猶如黑色喜劇，讀來特別辛酸、苦澀，叫人欲淚。質實而言，在人間流轉的觀照及幽明迷離的挖掘，鍾玲的極短篇自具特色，自成詭麗風景。

一九九二年　瘂弦等著《極短篇美學》

一根銳利的鞭子

——愛亞《愛亞極短篇》（第二集）

《愛亞極短篇》（第一集、第二集），書中取材，以浮世悲情、幻設寓言、古典新編爲主。作者文苑筆耕（分別爲一九八七、一九九七，爾雅），十載經眼，終能一掃「極短篇變作極少篇」之虞；奇花異草，盎然幽景，自足引人俯仰流連。

就浮世悲情而言，書中〈最佳劇照〉、〈妖嬈女乘客〉、〈桃紅色情人襪和後來〉、〈掌摑〉、〈剪〉、〈你蒐集火柴盒嗎？〉等，均屬此類。其中尤以〈臭豆腐老闆與褲子〉、〈噗噗學說話〉最稱別致。〈臭豆腐老闆與褲子〉是現代版的「記得綠羅裙，處處憐芳草」，經由移情作用（末尾點出「丈夫也有一套一式一色的運動休閒衣褲」），讓自己藉機稱讚褲子，順勢在老闆運動褲騷擾（「大膽輕摸一把」）的意外，收束於睹「物」思人的深情中。似此幽微心理的勾勒（可參看第一集中的〈青春〉，寫補償心理），無理而妙的感性顯現，正是夫妻間「情至痴而始眞」的寫照。至於〈噗噗學說話〉，全篇不疾不徐地述說媽媽（張瓊梅）上班，小孩託保母（林阿姨）帶；先生（吳勇亭）因上晚班，負責接送小孩（噗噗）。最後才由噗噗的話（「姨姨親爸爸，爸爸抱姨姨」）中，掀開眞相的面紗。末尾媽媽的應和稱讚「噗噗好會說話！」適成無意間的雙關，全篇的反諷意蘊也在最後一行的稱讚中渲染開來。此類輕描淡寫般的微言託諷，往往在不經心中展現沒有預期的震撼強度（第一集中〈爺爺〉，亦屬相同的表現方式）。

就幻設寓言觀之，有〈牡丹路八號〉、〈阿雄子〉、〈↑第十八層↓〉、〈三兩下揑揑、三兩下拉拉〉等。其中〈牡丹路八號〉是科技世界的桃花源，自文明中重建原野素樸的「美麗新世界」，當爲作者未來淨土的理想藍圖。〈↑第十八層↓〉則結合地獄傳說與西方薛西弗斯神話，整合成現代感的死後刑罰（不停刮馬鈴薯皮）。凡此，相較第一集中此類作品（如〈早餐主茶〉、〈乙丑七〇〇〇〉、〈進化〉、〈已近秋涼·白衣〉、〈卡夫卡〉等），更能筆走虛玄，翻空造境。至於古典新編，有〈聊齋水滸〉一篇，揉詭麗與暴力於一處，映現紅與黑交錯的光彩，與第一集中〈齊人章〉合看。可見作者戲諷興味的潛力，在戲仿中玩出「輕鬆的嚴肅」，開展了出古入今的想像空間。

大抵《愛亞極短篇》第二集不同以往的特色有二：第一、在冷涼事件中增添一抹暖色。以往的情節設計大都開高走低，在陡轉曲轉中呈現逆反落差，止於篇末驚愕間的悵然惘然。反觀集中除此之外，則明顯有開低走高的情節走向。於是〈掛號包裹郵件招領通知單〉有柳暗花明的生活情趣，〈×光〉有由悲而喜的看透、放開。第二、鬆綁嚴謹結構爲輕描淡寫。讓統一集中的驅道力變成無負荷的解讀，在雲淡風輕的筆調中看見生命的極短篇。於是〈公園旁邊的新家〉可以有〈上〉、〈中〉、〈下〉，眼看它起高樓，眼看樓中的人悲歡離合，眼看他們歲月流轉；無關乎幸福與不幸福，快樂與不快樂。這是生活的領會，也是旁觀的冷眼①。

一九九七年十月《文訊》

注①：相關書評：王浩威〈轉過時間的巷口——《愛亞極短篇》第二集〉（一九九七、十一、三，《聯合報》讀書人版）

參考書目

王鼎鈞　靈感　台北：爾雅　1989
平野　文學寫作　杭州：浙江少年兒童　2002
江曾培主編　微型小說鑑賞辭典　上海：上海辭書　2006
李淑文　創新思維方法論　北京：中國傳媒大學　2005
胡亞敏　敘事學　武漢：華中師範大學　2003
姚一葦　藝術的奧秘　台北：台灣開明　1968
姚朝文　華文微篇小說學原理與創作　北京：中國文聯　2001
高辛勇　形名學與敘事理論——結構主義的小說分析法　台北：聯經　1987
秦榆主編　微型小說名家名作　北京：京華　2006
馬明博、高海濤主編　小小說十五家　天津：百花文藝　2005
凌煥新　微型小說藝術探微　南京：南京師範大學　2000
張世彗　創造力——理論、技術／技法與培育　台北：張世彗　2003
張春榮　作文新饗宴　台北：萬卷樓　2002
張春榮　極短篇的理論與創作　台北：萬卷樓　2004
張春榮　文學創作的途徑　台北：爾雅　2003
張春榮、顏藹珠　名家極短篇悅讀與引導　台北：萬卷樓

2004
張春榮、顏藹珠　英美名家小小說精選　台北：書林　2007
張浩譯　陰陽之間——世界名作家小小說經典　上海：上海社會科學院　2004
葉玉珠　創造力教學——過去、現在與未來　台北：心理　2006
陳英豪等　創造思考與情意的教學　高雄：復文　1980
陳龍安　創造思考教學的理論與實際　台北：心理　1988
劉海濤　微型小說的理論與技巧　北京：中國人民大學　1996
劉海濤主編　感動中學生的100篇微型小說　北京：九州　2004
劉海濤主編　感動大學生的100篇微型小說　北京：九州　2004
瘂弦等　極短篇美學　台北：爾雅　2002
鄭允欽主編　世界微型小說經典・美洲卷　南昌：百花洲文藝　2001
鄭允欽主編　中國新時期微型小說經典　武漢：長江文藝　2004
賴聲川　賴聲川的創意學　台北：天下　2006
隱地主編　爾雅極短篇　台北：爾雅　1996

國家圖書館出版品預行編目資料

極短篇欣賞與教學 ／張春榮著. -- 初版. --
臺北市：萬卷樓, 2007[民 96]
面； 公分
ISBN 978－957－739－579－5 (平裝)
1.中國語言－作文 2.中國短篇小說－評論
3.中等教育－教學法

524.313 95023266

極短篇欣賞與教學

著 者：張春榮
發 行 人：許素真
出 版 者：萬卷樓圖書股份有限公司
臺北市羅斯福路二段 41 號 6 樓之 3
電話(02)23216565・23952992
傳真(02)23944113
劃撥帳號 15624015
出版登記證：新聞局局版臺業字第 5655 號
網 址：http://www.wanjuan.com.tw
E－mail ：wanjuan@tpts5.seed.net.tw
承印廠商：中茂分色製版印刷事業股份有限公司
定 價：200 元
出版日期：2007 年 3 月初版
出版日期：2007 年 4 月初版二刷

ISBN 978－957－739－579－5